How to find your " Diamond Self " by Yasuyuki Sato.

ダイヤモンド・セルフ

本当の自分の見つけ方

佐藤 康行

アイジーエー出版

まえがき　～内なるダイヤモンドの予感～

あなたは今、毎日の生活に張り合いがありますか。

毎日がワクワクして、活力にあふれ、喜びと感動の連続……
そんなあなたには、もしかしたらこの本は必要ないかもしれません。

でも、もしもあなたが今、ふと「むなしさ」や「無気力」を感じることがあるならば、あなたの内なる「ダイヤモンド」を掘り当てるチャンスが、あなたの目の前に訪れているのかもしれません。

仕事も家庭も「人並み」にこなしてきたけど、ふと「本当にこのままでよいのだろうか」と自分に問いかけてしまう……。

自分の天職だと思い、今まで夢中になって取り組んでいた仕事も急に色あせて見え、すぐ疲れてしまい、惰性《だせい》で時を過ごしている気がする……。

何をやってもつまらない。嫌々重たい気持ちに鞭打って日々の仕事をこなしているけど、楽しくない。喜びがない……。


どうしようもない無気力感というほどのものはないにしても、毎日の仕事を繰り返す中で、ふと「なぜ自分はこんなことを毎日繰り返しているのだろう」と思ったことはないでしょうか。


例えば、仕事がうまくいかずに落ち込む。頑張っているのになかなか認めてもらえず、給料にも満足がいかない。職場の人間関係のイザコザに巻き込まれるのも、それを横目で見ているのもうんざり……。

例えば、主婦をしているけれど、夫は毎日帰りが遅く、疲れて帰ってくるので全然話を聞いてくれない。子どもは何度言ってもいうことを聞かず、心配をかけることばかり……。

仕事や、生活が楽しくない。生きている喜びがない……。

物質的に豊かに見える現代社会の中で、何か満たされないものがある。日々の娯楽や余興で気晴らしができたように感じても、常に何か足りていない。空虚感、渇望感を拭えない。
そんなふうに感じてしまうことはないでしょうか。

そもそも、あなたは何のために生きているのでしょうか。

この問いは「あなたの人生の目的とは何か」「あなたが生まれてきた使命は何か」と言い換えることもできます。
人生の目的を知る、ということは、この先の人生を有意義で、喜びに満ちあふれた人生にするために欠かすことのできないものです。

では、いったいどうすれば「人生の目的」「生きる使命」を見出すことができるのでしょうか。

もしあなたが、このことについて少しでも考えたことがあるならば、その疑問を解決するためには「本当の自分」を知るしかありません。
あなたが「本当の自分」を知ったとき、あなたは自分の本当の役割がわかり、あなたの人生の最大の目的がわかるのです。

自分は何者で、何のために生きているのか……「本当の自分」を明確に知ることは、人生における最大で必要不可欠な課題でもあるのです。

冒頭で、「むなしさ」や「無気力」の状態は「ダイヤモンド」を掘り当てるチャンスだと言いました。その言葉の意味は、「ダイヤモンド」を「本当の自分」「より高次の自分」と言い換え、また、「無気力」の状況を、別の角度から客観的に見るとわかります。

あなたが車を運転する人であれば、ギアを入れ替えるときに、歯車が一回はずれてニュートラルになる状態を想像してみて下さい。

つまり、「やる気が起きない」「無気力」「むなしさ」などは、あなたの人生において、より高い次の段階に移行するために通らなくてはならない移行期間なのです。あなたのその心は、今のあなたが移行期間に差し掛かっていることを示唆するバロメーターでもあるのです。

もっとわかりやすい例でお話しましょう。

幼児も成長して小学生になると、幼稚園の頃遊んでいたおもちゃでは楽しくなくなります。そのおもちゃに飽きた時、一瞬、楽しみがなくなり、元気がなくなるわけです。しかし、客観的に見れば、それは「成長している」ということに他なりません。人が目的を見失ってむなしくなるというのは、ちょうどそのような状態だと言えます。幼稚園の頃に夢中になっていた三輪車に、中学生や高校生になっても乗っているとしたら、そちらのほうがおかしいと思いませんか。

自分の視点だけでは一見マイナスに見えるその状況も、事実は決して悪いことではない可能性が高いのです。むしろ、あなたの潜在意識が、「本当の自分」を知るチャンスが訪れていることを、あなた自身に伝えている信号だと捉えることができるのです。

では、どのようにしたら、「本当の自分」を知ることができるのでしょうか。

「本当の自分」とは、いったい何者なのでしょうか。

結論から言います。

「本当の自分」とは、あなたの想像をはるかに超えた、まさにダイヤモンドのように光り輝き、完全で完璧で、そして無限の可能性を持つ、愛にあふれた奇跡の存在なのです。

あなたが、今、自分のすばらしさをどれだけ思ったとしても、それは「本当のあなた」ではありません。

あなたが自分の中にあるダイヤモンドと出会ったとき、その想像を超えたあまりのすばらしさに魂が揺さぶられるような感動を味わい、そして自分のことが何よりも愛せるようになり、その自分を愛せる心が、あらゆる人を愛せる心となるのです。

宝石のダイヤモンドが「自然界からの最大の贈り物」ならば、ダイヤモンド・セルフともいえる「本当の自分」は、「宇宙からの最大の贈り物」といえます。

そして、そのあなたの輝く心が、あなたの人生に愛あふれる、ありとあらゆる出来事を引き寄せ、あなたの現実がすばらしい方向にバタバタと音をたてるように変化していき、あなたは人生での本当の役割、生きる使命に導かれていきます。


今はまだ、それがあなた自身の話だとはとても思えないことでしょう。

しかしそれは、あなたの心の奥深いところに埋もれていて見えないだけなのです。


私は、約二〇年間にわたって、この目で確かめてきました。

誰の心の中にもあるのです。たとえどんな極悪人がいたとしても、その人の心の中にも確実にあります。刑務所で七〇〇〇人以上の重罪を犯した収容者の前で講演をしたこともありますが、この事実を目の前で確かめ、さらに確信を深めました。

誰の中にもこのダイヤモンドがあり、眩《まばゆ》いばかりの完璧なる光を放っています。そして、普通の生活をしている方には、およそ想像もできないくらいの悲惨な出来事を経験し、心に大きな傷を負った人、自分自身も他人も愛せない人、ありとあらゆる状況にある何万人もの人々が、そのすばらしい自分に出会う姿を、私はこの目で確かめてきました。

本書では、「本当の自分」を発見する方法、あなたがあなたの中に眠るダイヤモンドの存在を知り、そして、その埋もれたダイヤモンドを掘り当て、そのダイヤモンドの輝きを人生に生かす方法についてシンプルにまとめました。

人類誕生以来、ただ一人のあなた。
世界六五億人の中で、ただ一人のあなた。
この神秘がすべてあなたの心の奥に内在している。
その奇跡の自分に出会う。

これが本書のテーマです。

では、あなたの内なるダイヤモンドを発掘しに、出かけましょう。

「あなたの中の最高のダイヤモンドをあなたにプレゼントします。」

佐藤康行

目次

第二章　心の仕組み　～ダイヤモンドはどこにあるのか～

第三章　「本当の自分」に出会う最短距離
～内なるダイヤモンドを掘り当てる～

第四章 「本当の自分」がもたらす現実の変化

第五章　ひとつの世界

装丁・ＤＴＰ　青野　信祐
本文イラスト　島田　信一

第一章　あなたに起きていること ～現実に目を向ける～

第一章　あなたに起きていること ～現実に目を向ける～

1 例外なき、ひとつの法則

この世の仕組みはシンプルです。
この世で起きていること、また、あなた自身に起きていることは、実はたった一つのシンプルな法則で説明できるのです。

あなたが今、お金のことで悩んでいようと、
人間関係で悩んでいようと、
夫婦関係で悩んでいようと、
親子の確執に悩んでいようと、
子どもの教育で頭を抱えていようと、
仕事の壁に当たっていようと、

むなしさを抱えていようと、
鬱《うつ》や、引きこもりや、健康の悩みも、
全部、たった一つの法則によって起きているのです。

その唯一の法則とは、「原因と結果の法則」というものです。

つまり、今、あなたに起きていることはすべて何かの「結果」であるということ、
そして「結果」があるということは、そこには必ず「原因」がある、ということです。

「原因」のない「結果」は存在しません。

ですから、あなたが今、何に悩んでいようと、どんな状況が目の前にあろうと、それは、すべてこの法則によって起きた結果なのです。


では、今あなたに起きているあらゆることの原因は何なのでしょうか。


それは、あなたの「心」です。

あなたの「心」が、すべての原因となって、あなたの目の前に結果となって現れて

いるのです。

しかし、いきなり「原因は心」と言われても、ピンとこないかもしれません。

では、「心」と「現状（悩み）」の因果関係を、少し違った角度からお話ししていきましょう。

2 あなたの心が作り出す世界

仮に今、一見して人相の悪い人が目の前に現れたら、あなたはどう思うでしょうか。「この人は怖い人かもしれない」と思うはずです。しかし、その人のことをよく知っていて、彼はとても気の優しい、よい人だとわかっていたら、怖い人だとは思わないはずです。

このように、人を見るときも、**自分の価値観でしか見ることができない**のです。つまり、その人の真実がそこに存在しているのではなく、その人をそのように評価している自分の心があるだけなのです。

また、散歩していて向こうから犬を連れた人がやってきたとします。すると、犬はつながれているにもかかわらず、恐怖感を抱く人がいます。もし仮に以前、犬に噛まれた経験があれば、恐れを感じて当然でしょう。反対に犬好きの人は、かわいいと感じ、寄っていって飼い主に名前を聞いたり、さらには犬にまで話しかけたりします。

同じ出来事、同じ現象を見ているはずなのに、見えている世界も違えば、それに対する反応もまったく正反対です。このことはあらゆる出来事において成り立ちます。

つまり、**外で起きていることには、それ自体として固定された意味はない**のです。その意味はあなたの心が決めているからです。どんな出来事であれ、外に起きたことで嫌な気持ちや、責める気持ちになったとしたら、そう思う自分の心が現象面に映し出されているのです。

たとえるならば、**私たちの目の前に起きるあらゆる現象は、映画館のスクリーンに映し出された映像のようなものなのです。そしてフィルムにあたるのが、私たちの心です。**

映画を観ている時、気に入らない場面があったからといって、舞台に上がっていってスクリーンに映った映像に手をつけても、映像は変わりません。でも、後ろを振り向いて、映写機の中にあるフィルムを変えたら、一瞬で変わるのです。

3 人間は記憶の塊《かたまり》である

あなたの心は記憶でできている――

心を映画のフィルムにたとえました。では、その心とは何でできているのでしょうか。この問いかけに対し、私は「心は記憶でできている」と答えます。

私たちは生まれてから、多くの人間関係の中で経験を重ねながら生きてきたはずです。

親、兄弟姉妹、学校の先生、友達、そして社会に出てから出会った人々など、関わった人は相当な数になると思います。そして、その人たちとの関わりを通して、嬉しかったこと、悲しかったこと、楽しかったこと、だまされたこと、ほめられたこと、辛かっ

あなたの心が作りだす世界

フィルムを変えたらスクリーンの映像が一瞬で変わるように、あなたの心を変えると現実が変化する。

たこと、痛かったことなど、無数の出来事の記憶があるはずです。

ここで言う記憶は、たとえば学校の試験のために勉強した知識の記憶も含まれますが、むしろ、試験でよい点をとり、親や先生にほめられた「プラス」と思えるような記憶や、赤点をとってしまい「ちゃんと勉強しなさい！」と叱られた「マイナス」と思える記憶など、感情が湧き上がる記憶のほうが重要です。

実は、あなたの中にはこれら無数のプラスそしてマイナスの記憶がすべて保存されているのです。そして、出来事を捉える際の基準となっているのです。

人間は記憶でできている――

さらに言えば、私は人間そのものが「記憶でできている」と捉えています。

もちろん、「細胞からできている」「遺伝子からできている」など、物理的な捉え方は多数あり、それらはすべて正しいのでしょうが、それらを包括するかたちで私は「人間は記憶からできている」と答えます。

あなたは「オギャア」とこの世に誕生した時、すでにおじいさん、おばあさん、そして、お父さん、お母さんに顔が似ていたり、性格が似ていたり、また、同じような病気になる可能性を秘めて生まれてきています。

つまりそれは、あなたの先祖からの記憶が、遺伝子によって引き継がれている証拠です。あなたの顔も、性格の一部も、ご先祖様から引き継がれた遺伝子の記憶なのです。実は生まれた時点で、ゼロスタートではなく、すでに膨大な記憶を背負っているのです。

また、魂の世界では、仮に前世があるとすれば、その記憶の影響も明らかに受けて生まれてきています。

このように私たちは、遺伝子からと前世からの記憶が折り重なって生まれ、生まれてからは無数の人々との関係の中で多くの経験を重ね、それらすべてを記憶として蓄積しているのです。

そして、**この記憶が、スクリーンに映像を映し出しているフィルムなのです。**

4「本当の自分」とは

幸運・不運すらもすべてあなたの心の反映――

あなたの周囲には、何をやってもトントン拍子にうまくいく人と、逆に、何をやってもすべて裏目に出てしまい、なぜかうまくいかない人がいないでしょうか。

そういう人を私たちはよく「あの人は運がいいんだ」とか「あいつはホントにツイてないな。運が悪いよな」といった言葉で片付けたりします。

でも、よく考えてみてください。

「運がよい」「運が悪い」ということは、表現を変えれば「よくわからない」ということです。

「よくわからないけど、あの人はうまくいく…」

「よくわからないけど、失敗ばかり…」

よくわからないから、「運」というよくわからないものを持ち出して、うやむやにしているのです。

そして、「運がよい」「運が悪い」と言って、それ以上突き詰めないようなことにも、間違いなく原因があり、その原因とは、「心」なのです。

心には引力があり、本人はまったく意識をしていなくても、よい運を引き寄せる力や、悪い運を引き寄せる力が働いています。

私たちは何をしていても、必ず何らかの心が反応しており、その心が、言葉となり、顔つきとなり、行動となり、そして運命となって跳ね返ってくるのです。

幸運や不運という「結果」も、その人の心という「原因」が発した言葉や態度、そして行動が、周囲の人々や環境に知らないうちに大きな影響を与え、その人々の反応が直接、間接に本人へと返ってきているのです。

「本当の自分」の存在――

心が原因となっているのは、「運」だけにとどまりません。実は、**あなたの目の前に展開している世界、あなたが見て、感じて、経験している現実すべての原因があな**

たの心なのです。

現在のあなたがどのような状態にあるとしても、それは時代のせいでも、他人のせいでもありません。

このことは、にわかに受け入れがたい話かもしれません。

「明らかに、あの人のせいでトラブルに巻き込まれたのに、どうしてその原因が自分の心だというんだ」

「自分は一切悪くないのに、どうして……」

「そもそも私がこういう性格になったのは、あの親に育てられたからじゃないのか」

「どう考えても、こんな結果を自分の心で望んだ覚えはない……」

自分の心が原因だったとして、好んで嫌な思いをするはずがありません。嫌な状況の原因が例外なく自分の心だと言われても、当然、受け入れがたいでしょう。

しかし、その原因である心の仕組みを理解すれば、このことがまぎれもない事実であることが明らかになります。

あなたが意識している心は、実は非常に表面的な浅い部分の心です。この心は、あなたの目の前の結果に対してさほど大きな影響は与えません。実は、あなたの心のもっと深い部分に、あなたの状況の本当の原因があるのです。

この部分は、普段の自分では意識することが難しいのですが、ほんのわずかなきっかけで、容易に表出します。これが、様々な出来事の根本原因となっていて、あなたの目に映る世界を作り出しているのです。

ここまでの話は、まだ地表からわずかに掘り下げただけの、ほんの表層に過ぎません。その最も深い部分に、これまた例外なく存在する「心」があります。それこそが、これからその見つけ方をお伝えする「本当の自分」の存在なのです。

後から付け加えられた知識、価値観から見た自分ではない、もともとある「本当の自分」があなたの中には確実に存在しています。

この存在を理解するためには、「心」というものの仕組みを理解する必要があります。

この「心」とは、他でもない、あなた自身の心のことです。

確実に、間違えずに、ダイヤモンドにたどり着くためにも、次章からゆっくりと、この「心」の仕組みについて掘り下げていきましょう。

第二章

心の仕組み ～ダイヤモンドはどこにあるのか～

第二章　心の仕組み ～ダイヤモンドはどこにあるのか～

プラスの心とマイナスの心 ――

私たちの心は大きく二つに分かれます。「プラス」の心と「マイナス」の心です。プラスは「愛」、マイナスは「恐怖」です。野生動物などはシンプルですから、あらゆる行動の原動力がこの「愛」か「恐怖」です。たとえば、自分の子どもを愛する気持ちから餌を捕獲したり、外敵が現れた時に恐怖心から身を守ったりするのがよい例です。

私たち人間は、「恐怖心」を克服する努力をすることがありますが、野性の動物はしません。そんなことをしたら、あっという間に天敵に襲われて、絶滅してしまうでしょう。

このように、野生の動物は本能のままに自然な心の反応に従って生きていますが、人間の心はもう少し複雑です。

人間にとって、プラスの心とは、「明るく」「前向きに」「積極的に」「夢を持って」「目標を持って」「プラス思考で」「愛と感謝の気持ちで」「素直な心で」「勇気を持って」といった言葉で表される心です。また、マイナスの心とは、「暗く」「後ろ向きに」「人を恨んで」「憎んで」「妬《ねた》んで」「傲慢《ごうまん》で」「偏屈で」「マイナス思考で」というように表現される心です。

先ほど、あなたの見ている現実があなたの心の反映であること、そして、この世界には原因と結果の法則が働いていて、あなたの心があなたの現実の原因になっていることを述べましたが、このプラスの心とマイナスの心のどちらが、すばらしい人生をあなたにもたらすでしょうか。

答えは言うまでもなく、「プラスの心」と誰もが答えるでしょう。

だからこそ、世の中にはプラスの心を学ぶ教えやトレーニング法が山ほどあり、氾濫しているのです。あなたが悩みを抱え、書店の自己啓発や精神世界のコーナーに目を向ければ、棚一面の本があなたに優しく、時には力強く、「明るく」「前向きに」「積極的に」「夢を持って」「目標を持って」「プラス思考で」「愛と感謝の気持ちで」「素直な心で」「勇気を持って」といった「プラス思考」を語りかけてきます。

しかし、仮にプラスの心を身に付けようと本を読み漁り、頭に叩き込んでインプットし、定着させるために反復したり、心を落ち着かせたり、自己暗示をかけたりしても、それで本当に心がプラスになり、その心の反映としてあなたが見ている世界が輝き、すばらしい人生を歩めるのでしょうか。


残念ながら、答えはＮＯです。

そんなことで、その人がすばらしい人生を送れるのであれば、世の中に悩みや問題を抱えた人などいないでしょう。

そして、現在、巷《ちまた》にあふれる既存の手法のほとんどが、このプラスの心を頭にインプットするものなのです。


本書は、こういった一般的に言われているような、いわゆる「プラス思考を身に付けましょう」といった内容の本ではありません。

では、なぜプラス思考が定着しないのか、なぜ頭ではわかっていてもできないのか、心の深いところに手を付けるためにも、さらに心の仕組みを見ていきます。

１心の構造①──「頭」（観念）

ここまで説明してきた「心」とは、心の中でも一番浅い部分のことです。この部分は、「頭（観念）」の部分です。

私たちは「悩まないための心」とか「運をよくするための心構え」といったものは、頭ではすでになんとなく理解しているのです。当然、マイナス思考よりプラス思考がよいということは誰でも知っていますし、愛の心、感謝の心が、幸運となって返ってくるといった知識は、誰からともなく聞いて、頭ではわかっているものです。

インプットでは書き換えられない心──

もし、頭でわかって理解するだけで解決するなら、世界中の大成功者や大富豪、聖者や覚者の本、教材などを買い集めて次々と頭に叩き込めばよいだけです。仮にそのことに何百万円注ぎ込んだとしても、たったそれだけで望みがかなって「最高に運のよい、すばらしい人生」が得られるのであれば安いものです。

しかし、実際はどうでしょうか。どれだけ「プラス思考で生きよう」と努力しても、ふと我に返った時、どうしてもそう思えない心が湧き上がってきてしまうのではないでしょうか。

「感謝しろと言われたって、そう思えないから仕方ないじゃない！」

「プラスに考えろ、なんてわかっちゃいるけど、こんなひどい状況では、どうしたって不安にもなるよ……」

「すべての人を愛せよったって、あいつだけはどうしても許せないし、あいつが悪いんだから、憎むのは当たり前じゃないか！」

ここにプラス思考の限界があります。

プラス思考を身に付けようとインプットする。徹底的に実践すれば、たしかにある程度プラス思考を身に付けることは可能かもしれません。本を読んだり、誰かに相談したり、どこかに話を聞きにいったり、はたまたセミナーや研修に参加して取り組めば、その直後や調子のよい時は心が晴れることもあるでしょう。

しかし、ふと力を抜いたとき「やはりだめだ」「プラスに思おうとしてもどうしてもそう思えない」といった心が自然に出てきてしまうのです。

よい教えや考えをどれだけ学んでインプットしても、それは心の一番上の部分、「頭(観念)」という思考の中での話です。大多数の人々は、「頭ではわかっている」のです。しかし、日常の現実に戻ると、思い通りにいかない出来事があれば「やはり自分はだめだ」と思う心が出てきたり、また誰か他人から気に障ることを言われれば、一瞬にして「感謝しよう」という心が吹き飛んで、「どうしてもそう思えない」心が湧き上がってきたりするのです。

インプットする前に「すでに思っていること」が問題――

私たちは、この「頭(観念)」の部分への徹底的なインプットを、一旦止めなくてはなりません。なぜなら、これは問題解決とは正反対の方法だからです。根本的な解決方法とはやり方がまったく逆なのです。

実は、私たちの心には「思おう」とする前に、「すでに思っている心」があり、深く定着しています。

そして、もともと定着していた心ですから、後から「思おう」としてインプットした心よりも、圧倒的に強いのです。「思おう」として何度も反復して言い聞かせても、ふと力を抜いたときに、湧き上がってくるもの。それは、この「すでに思っている心」なのです。

では、この「すでに思っている心」とはいったいどこから来るのでしょうか。

2 心の構造② ——「業」(潜在意識)

意思とは無関係に出てくる記憶 ——

第一章で、「人間は記憶でできている」と述べました。

過去の嬉しかったこと、悲しかったこと、楽しかったこと、だまされたこと、ほめられたこと、辛かったこと、痛かったことなど、無数の出来事の記憶は、すべてあなたの中に保存されているのです。いわば、細胞に刻み込まれているのです。

このような記憶は、言葉を換えれば「潜在意識」とも呼べます。また、この記憶は昔から宗教などで「業」や「カルマ」と呼ばれてきたものに相当します。本書では伝統的に深い意味を込められて使われてきた「業（カルマ）」という言葉を用います。日本語で「あの人は業の深い人だ」と言うことがありますが、その「業」です。

つまり、私たちの心は、地層でたとえるならば、まず「頭」という観念の層があり、その下に「業」という潜在意識の層があるという二層構造になっているのです。

そして、この業の心には、普段は意識されないような過去の膨大な記憶が刻み込まれています。その記憶は、私たちの外界（心という内界に対し、目に見える外側の世界）に、**その記憶が刻み込まれた時に体験したことと似たような状況が現れた時、その刺激によって引き出され、ふと頭に湧き上がってきます。**

この反応は、ほとんど自動的に起こります。つまり、先に話した、ふと湧き上がってくる「すでに思っている心」は、まさにこの「業」、「カルマ」といった過去の記憶から来るのです。

今、この本をあなたが読んでいる瞬間も、この業の記憶が湧き上がってきています。もし、過去に心理や精神世界についての本を読んで元気づけられたり勇気づけられたりしたことがあれば「この本も元気を与えてくれるだろう」といった思いが湧いてきます。もし、過去、心について書かれた本を読んで結局だまされたと感じたことがあれば「この本も同じではないか」といった思いが、自動的に湧いてきているはずです。

人によって皆、違う思いが今この瞬間も湧き上がってきています。今、あなたの心にどういう思いが湧いてきているか、見つめてみてください。それがまさに過去の記憶、業によるあなたの反応です。

そして、この記憶は、頭で自覚的に覚えている記憶より格段に力が強いのです。

ですから、業の心に、マイナスの記憶が多ければ、当然そのマイナスの業に支配された心が出来事の捉え方やそれに対する反応に表れてくるわけです。

―― 心の構造 ー「頭」（観念）と「業」（カルマ）――

過去の記憶である「業・カルマ」は、「頭」より深い部分にあり、格段に力が強い。

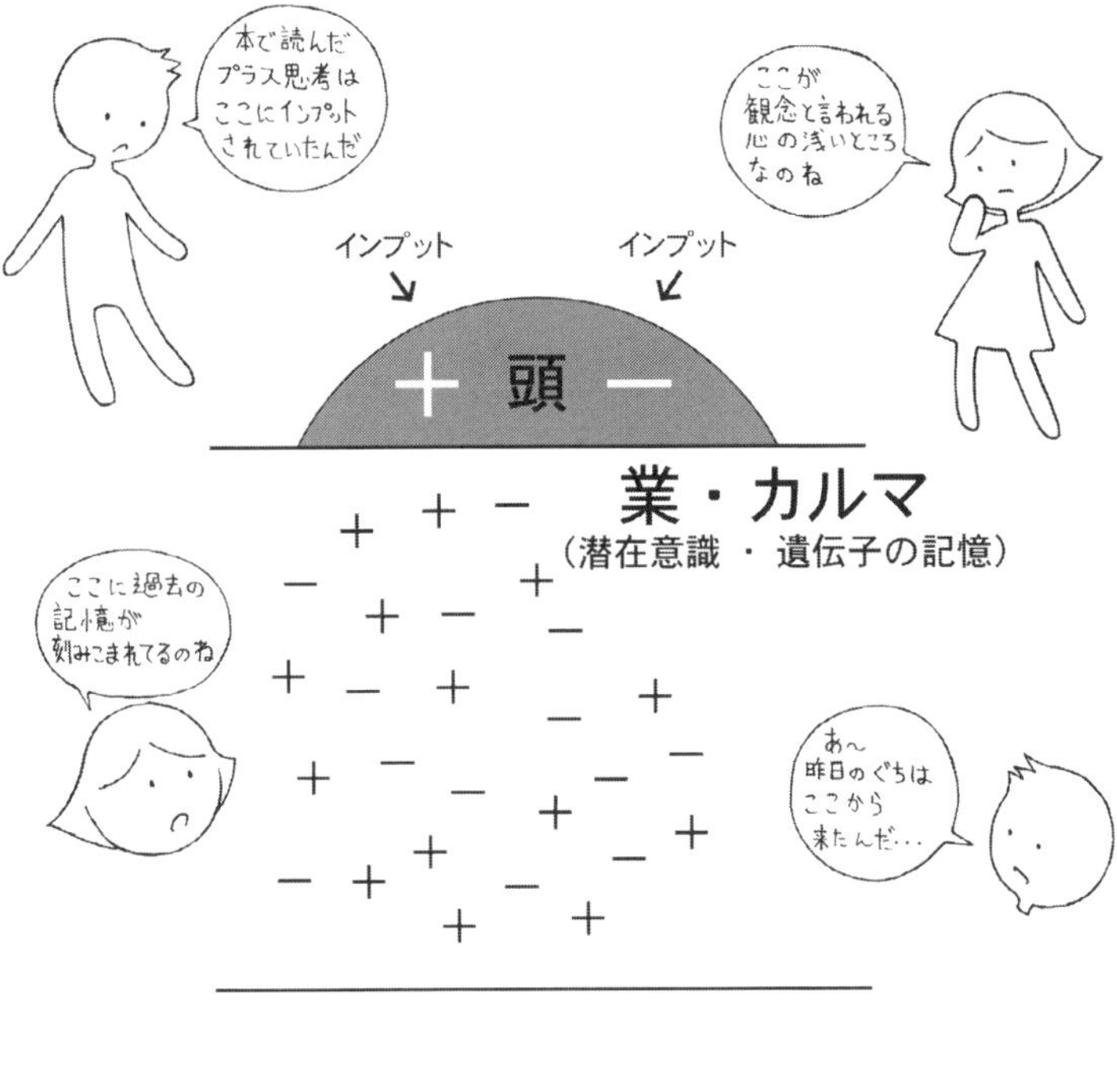
本で読んだ
プラス思考は
ここにインプット
されていたんだ
ここが
観念と言われる
心の浅いところ
なのね
インプット
インプット
＋ 頭 ー
業・カルマ
（潜在意識 ・ 遺伝子の記憶）
ここに過去の
記憶が
刻みこまれてるのね
あ〜
昨日のぐちは
ここから
来たんだ…

たとえば、過去に人前で話をして失敗して大恥をかいた記憶が刻まれると、スピーチを頼まれる度にその苦い記憶がよみがえって、また失敗を繰り返す場合があります。「あがるまい、あがるまい」と自己暗示をかけたところで、過去の体験に伴って心に深く刻み込まれた心の強さにはかないません。

また、たとえば女性が若い頃に父親に強烈な恨みを持つと、一生涯、男性不信になってしまう場合もあります。

このような、過去の忌まわしい体験などの強烈な心の傷を、心理学では「トラウマ（精神的外傷）」といいます。これも業のレベルに刻み込まれた記憶だと理解できるのです。

そして、**過去の記憶であるこの業の心が、外界（現実世界）の出来事に対するあなたの反応を決め、あなたの人生を決定しているのです。**

だからこそ、この潜在意識である「業」という過去の記憶に手を付けなければ、人生の問題の根本解決は不可能なのです。

外界と内界

内界にある過去の体験による記憶は、その記憶が刻まれた時と似たような状況が外界に現れたとき、その刺激によって自動的に引き出される。

外界
内界
わあ〜
おいしそう!!
過去の記憶
おいしい
おいしい
外界の刺激
ジュ〜

インプットの限界――

「ならば、この潜在意識に強く刻み込まれるほど徹底的にプラス思考をインプットして植え付ければよいのではないか」と思われる向きもあるかもしれませんが、結局、プラスのインプットは逆効果しかもたらさないことが多いのです。

よく、潜在意識にインプットするために、精神状態を落ち着かせ、呼吸法をつかったり瞑想をしたり、また脳波の状態を、記憶に適した状態にコントロールしてから、プラス思考を何度も反復する手法がとられます。

たしかに、頭の記憶には効果的にプラス思考が刻まれるかもしれませんが、頭の中がプラス思考の塊になるだけで、業の部分にはほとんど影響がありません。

仮にあなたが、数ヶ月にわたり一心不乱にプラス思考を何度も反復することで頭にインプットしたとします。しかし、その記憶は、あなたのこれまでの数十年の人生で刻まれた記憶、そしてさらには、先祖代々、前世からも延々と引き継いでいる何千年、何億年の記憶と比較したならば、あたかも大海に垂らした一滴のインクのようなものに過ぎないのです。

インプットの弊害――

また、業の心に刻まれた過去の記憶がマイナスばかりなのに、頭の知識がプラスになると、心の奥はマイナスのまま、頭だけがプラスという状態になります。この状態の危険性は、頭を道具にたとえるとわかります。

たとえば包丁という道具があります。包丁は、研げば研ぐほど、切れ味が鋭くなっていきます。この包丁を、愛と感謝に満たされた、プラスの心をもった人が使うと、どういう結果になるでしょうか。きっと、愛情のこもった美味しい料理、という結果につながるでしょう。

しかし、恨みや憎しみばかりのマイナスの心の人が使ったらどうでしょうか。もしかしたら、他人を傷つけるという結果になる可能性もあるのです。

どんなによい道具でも、どういう心でそれを使うかによって、まったく違う結果になってしまうのです。

では、「プラス思考」という道具を「マイナスの心」で使うとどうなるでしょうか。結果は「人を裁く」か「自分を裁く」という行動につながってしまいます。

「あいつらは、自分が知っているプラスの生き方をしていない。なんてレベルが低いんだ……」と他人を責めたり、「私は、こんなにすばらしい愛と感謝の教えを勉強しているのに、いつになっても結果が出ない。なんて自分は駄目なんだ……」と自分を責めたりするのです。

このことは、正反対のようですが、その性質はまったく同じです。矢印の向きが逆になっただけの話です。つまり、包丁を手にして他人を傷つけるか、自分を傷つけるか、いずれにしてもその包丁の切れ味が鋭ければ鋭いほど、マイナスの結果につながってしまうのです。

道具を使う人の心、影響力の最も強い業の心を変えることができなければ、プラス思考という道具を磨けば磨くほど、逆効果になってしまうわけです。

あなたはどの方法を選びますか――

さて、出来事の捉え方やそれに対する反応の原因となる業の心に手を付けることの重要性を述べました。そして、頭にインプットして学ぶことでは、業の部分に影響を与えることはほとんど不可能に近いこともお話ししました。

では、私たちは、どのようにすれば、この業に手を付けて、過去の記憶を透明にすることができるのでしょうか。

実際、この業に手を付けようと世界中でさまざまな手法が存在し、宗教や各種心理療法などで、心の浄化が試みられてきました。

その手法の例をあげると、「過去を内観して、マイナスの記憶を、両親への感謝などをきっかけにプラスに転じる」「催眠療法などを利用して、幼少時の記憶を呼び覚まし、癒す」「過去世の記憶に原因を見つける」「心理カウンセリングや様々なセラピー、ヒーリングなどで過去のマイナスの記憶を、一枚一枚薄皮を剥ぐように取り去り、またはプラスに転じ、深い境地を目指す」というものなど、多種多様です。また、瞑想や座禅という手法もあります。

たしかに、いずれかの手法に取り組むことで心が癒されたり、忘れかけていた父母への感謝から、過去のトラウマがプラスに転じ、気分がよくなったり、心が洗練されたりと、その時は絶大な効果を感じられる場合もあります。

しかし、これらの手法は対症療法的な要素が多く、時間がたつと、また別のマイナスの心に支配されたりして、その場限りで終わるパターンが少なくないようです。

これら一つ一つの手法は、ちょうど真っ暗闇の広い部屋を懐中電灯で照らそうとしているようなものです。こちらを照らせば、あちらが暗く、あちらを照らそうと向きを変えると、今度はこちらが暗くなる、ということの連続で、その場しのぎなのです。

では、どうすればよいのでしょうか。

懐中電灯ではなく、スイッチひとつで暗闇を消し去る天井の照明のようなものがあったとしたらどうでしょうか。

もし、人間の心が頭と業の二層だけだったとしたら、人間として生まれたことは悲劇だったかもしれません。

しかし、二層構造になっているあなたの「頭」、そして「業」のさらに奥、心の一番奥にまったく別の心が存在しているのです。

3 心の構造③――「真我」（本当の自分）

実は私たちの心のさらに奥深くには、もう一つの層があるのです。つまり、心は三層構造になっているのです。そして、この一番深いところにある三層目の心、「頭」でも「業」でもないものが、あなたの内なるダイヤモンドのような「本当の自分」であり、諸問題を解決するカギなのです。

真我の呼び名――

私は、最も奥にあるこの心を「本当の自分」、つまり、「真」なる「我」ということで「真我《しんが》」と呼んでいます。

真我は「愛そのもの」の心と言ってもよいですし、「喜びそのもの」「感謝そのもの」、また「宇宙意識」と言ってもよいですし、「内なる神の心」とも言えます。完璧で完

全な何ひとつ迷ってないすばらしい心です。第一章で「人間は記憶でできている」と言いましたが、この真我は宇宙の記憶とも言えます。

実際、真我の心は、古くから多くの言葉で呼ばれています。「仏性」でも「内なる神」でも「実相」でも「光そのもの」でも、あなたはどう呼んでもよいのです。

そして、この奥底にすでにある真我が本当のあなた、オリジナルのあなた、後から付け加えたのではない、あなたの本体なのです。本書では、あなたの心の一番奥にある自分を「本当の自分」と言ったり真我と言ったりしますが、意味は同じです。この真我が、あなたの内なるダイヤモンドなのです。

この真我があなたの心のもっとも深い部分に、「すでに」存在しています。今までも存在したし、これからも存在しつづけます。もちろん、今、この本のこの文章を読んでいる瞬間にも、間違いなくそこに存在しており、どんな人の心の奥にも共通して存在しているのです。完全で完璧で、何ひとつ迷っていない心。すでに愛している、すでに喜んでいる、すでに感謝している心。全体の心、ひとつの心です。

この真我については、そういう自分がいる、と言われても、今の段階では実感もなく、理解し難いことでしょう。たとえるならば、生まれてからずっと空が曇っており、雨が降っていたとしたら、その雲の上に常に太陽が存在し、光り輝いていると言われても信じられないようなものです。ダイヤモンドの原石も、何も知らない人が見れば単なる石ころ、汚い石に見えるでしょう。しかし、その内には、光り輝くダイヤモンドが間違いなくすでに存在しているのです。

インプットではなく、アウトプットする――

真我は後から、外から付け加えるような思想でも教えでもありません。真我はあなたのもっとも深い心にあるダイヤモンド、本音中の本音の心なのです。外から入れる教えでも考え方でも思想でもないのですから、当然何かをインプットする必要は一切なく、ただアウトプット、つまり引き出せばよいのです。

「本当の自分」である真我に出会い、引き出すには、ちょうど石油や温泉を掘り当てるがごとく、三層構造になっている心をボーリングするように掘り進めていきます。奥底に潜むダイヤモンドめがけて掘り進めて行くのです。

そして、最後のひと堀を「トンッ」と突いたら、一瞬で石油や温泉が湧き上がるように、輝くダイヤモンドの光があふれ出し、瞬時に全身が、「愛そのもの」「喜びそのもの」「感謝そのもの」の心、いえ、言葉の表現をはるかに上回るすばらしい「本当の自分」の心、真我の心で満たされます。魂の底から真我を体感できるのです。**理解ではなく、体感するのです。**

業の心を闇にたとえたら、真我は光です。真っ暗闇の部屋に電気をつけるように、真我という光が業という闇を一瞬で光に変えます。たとえ昨日できた暗闇だろうが、一億年前からある暗闇だろうが、光を当てれば闇は一瞬で消えるのです。

業の心をただの石ころとすれば、外からインプットして入れたよい教えは、まったくのイミテーション、つまり「作り物のダイヤモンド」のようなものです。しかし本物のダイヤモンド、すなわち本物のプラス思考、積極思考、愛、喜び、そして感謝を、あなたはもともと知っているのです。知っているどころか、あなたの本体がその心なのです。

心の構造―「真我」（本当の自分）

あなたの心は三層構造になっており、もっとも深いところにダイヤモンドのように光り輝く「本当の自分」が存在している。

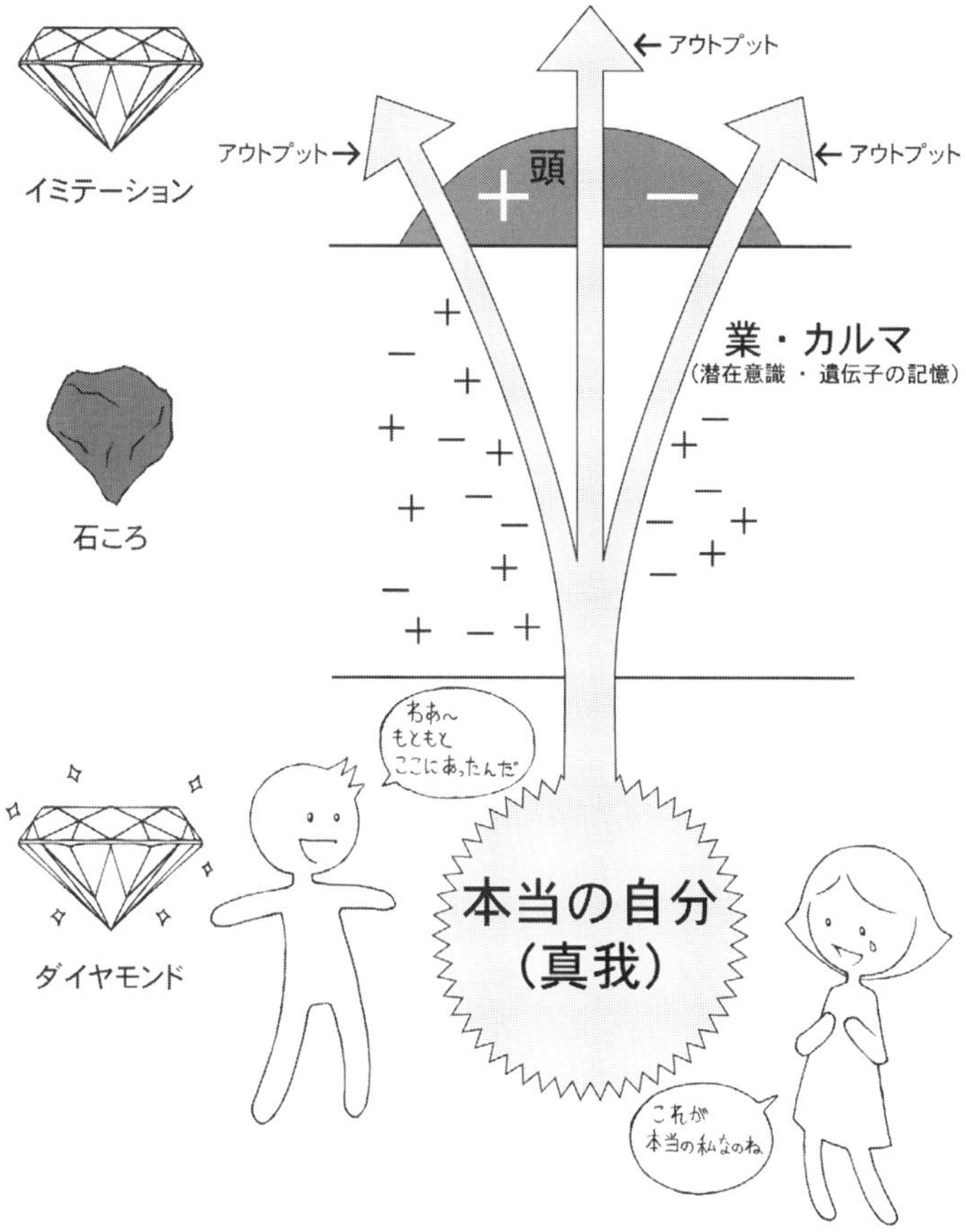
アウトプット
アウトプット
アウトプット
イミテーション
頭
＋
－
業・カルマ
（潜在意識・遺伝子の記憶）
石ころ
わあ〜
もともと
ここにあったんだ
ダイヤモンド
本当の自分
（真我）
これが
本当の私なのね

もともと在《あ》る自分に戻るだけです。気づくだけなのです。もともと在るのですから、学ぶのではなく、出すだけでよいのです。あなたの内に眠る本物のダイヤモンドを見つけるだけでよいのです。まさに神のごとき、光り輝くダイヤモンドです。

「プラス思考」「積極思考」「愛」「感謝」と言葉にすれば同じですが、頭で理解するのと、全身で体感して気づくのとでは天と地ほどの差があるのです。精神世界の本を読めば「人は神そのものである」という教えもたくさんあります。しかし、それを頭で理解したからといって、そのことを悟ったとはいえません。実際に「神そのもの」を体感して初めて神の自覚へ至り、本当の悟りと言えるのです。

あなたの現実はどう変化するか――

あなたの見ている現実は、あなたの心の反映であると第一章で述べました。今、この真我の心があふれんばかりに出てきたら、あなたの現実がどう変化するか想像できますか。

あなたの内にある「愛そのもの」「喜びそのもの」「感謝そのもの」の真我、完全で完璧な「本当の自分」を全身で体感したとき、あなたの心が一瞬にして変わります。

もし、あなたが今、無気力でやる気が出ない状況にあれば、仕事の意味を見出し、あなたの能力を開花させ、心から楽しんでその仕事に取り組めるようになります。また、全体から見て、あなたのすべきことが明確になり、導かれるようにやりがいのある仕事、本当の天職に導かれます。

もし、あなたが、何かの問題を抱えて目の前の壁に行き詰まり、どうにもならない状況にあるとしても、複雑にからみあい、もつれた糸がパラパラとほぐれていくように解決していきます。仕事や経済面であれ、人間関係であれ、家庭・夫婦・男女関係であれ、健康面であれ、問題の種類は問いません。

なぜ、問題の種類を問わないのか。

それは、何かを問題として捉えて悩んでいるのもあなたの心であり、実際に問題を引き起こしている原因もあなたの心だからです。つまり、心が変われば、捉え方が変わり、そのことで現実が本当に変わっていくのです。

このことを、私は約二〇年間にわたり、三万人以上の人々の実例を見ながら確かめてきました。どこかで学んだり、勉強したりしたのではなく、人がすばらしく変化していく姿を現場で見てきたのです。

では、私たちは、ダイヤモンドのように光り輝く「本当の自分」である真我を確実に体感し、現実生活に生かすために、いったいどうすればよいのか。次章では、心を掘り進め、真我を引き出す手法について、お話しします。

第三章　「本当の自分」に出会う最短距離

～内なるダイヤモンドを掘り当てる～

第三章 「本当の自分」に出会う最短距離
～内なるダイヤモンドを掘り当てる～

ある時、誰でも真我に目覚めることのできる手法が一瞬のインスピレーションで私に湧いてきました。インスピレーションで出てきたものですから、最初は本当にそれで間違いないのか評価のしようがありませんでした。

しかし、実際にこの手法に基づいたカリキュラムを進行していくと、人が目の前で真我に出会い、自らの内からとめどなく湧き上がる喜びの心に感激し、感動に打ち震えて涙を流したり、今まで長年まったく許すことのできなかった恨み辛みが一瞬で消えてしまって、感謝と喜びに変わっていったのです。

そして、その心を持った人が現実生活に戻って、その心のまま生きることで人生を大きく変えていきました。その多くの実例から「本当の自分」に出会うための手法として確信を得るに至ったのです。

すでにある真我を引き出すことを私は「真我を開発する」と言っていますが、その手法は主として二つです。次にこの二つの手法、時間的全体から真我を開発する手法と空間的全体から真我を開発する手法についてお話しします。

1 時間的全体から真我を開発する

私たちが生きている時間を一本の線で表しましょう。すると、最初に「オギャア」と生まれて、「現在」があって、そしていつか「死」にます。

この時間を「一生」と言います。

今までのよくある考え方では、「現在」から、自分の欲望や願望をもとに、ある特定の「将来」に対して、目標を立てます。いわゆる成功哲学や願望実現法などの自己啓発の方法がそれにあたります。

たとえば大成功者を見て「金持ちになりたい」「高級車に乗りたい」「海外に別荘を持ちたい」などと、「ああなりたい」「こうしたい」といった自分にとって価値のある明確な目標設定をするわけです。

そして、それに向かって計画を立て、実行するにあたってやる気を出したり、困難に負けないように積極思考を頭に叩き込んだりするのです。

バラになろうとするチューリップ――

しかし、このやり方だと、根本的に間違う可能性があるのです。というのも、自分が本来持っている性質とまったく異なる望みを持って、目標を定めてしまいがちだからです。たとえるなら、自分は本来チューリップの花なのに、バラのように咲きたい、という願望を持つようなものです。

実際の花はそういった間違いは絶対に犯しません。チューリップはチューリップらしく、バラはバラらしく咲くことが最高であり、自然は間違えないのです。しかし、人間は「本当の自分」を知る前に、自分とは違う他人と比較して「ああなりたい」「こうなりたい」と思ってしまうのです。

例えば会社の社長に全然向いていない人が、「社長になるのが成功だ」「社長になったら幸せになれる」と思い込んで社長になる目標設定をして、何年か後に社長になっ

バラになろうとするチューリップ

チューリップはチューリップらしく、バラはバラらしく咲くことが最高。

ても、家族はバラバラ、身体はズタズタでは本末転倒といえます。しかし現実に、こうした本来の役割でない仕事に無理をして取り組み、苦しんでいる人が圧倒的に多いのです。

もし、あなたが今、ある程度の成功を収め、もしくはそれなりの生活を送り、世間から見れば申し分ないはずなのにいろいろな問題に見舞われていたり、やる気が失われていたりするとしたら、本来やるべきことではないことに取り組んでいる可能性があります。

あなたは自分が何の花なのか、間違えていないと言い切れますか。

目標は一番遠いところから立てる――

では、目標はどのように立てればよいのでしょうか。

たとえば、東京に住んでいる人がアメリカに行くことを決めたら、成田空港に行きます。

そして、成田空港に行くために、どこの駅に行き、どの電車に乗るか、という次にすべきことが決まってくるのです。

北海道に行くと決めたら、羽田空港に行かなくてはなりません。そしてそのためにはモノレールに乗って、電車に乗って…というように、近いところは後から決まってきます。

目標は一番遠い所から立てるのです。

その目標が決まってはじめて、そのためには次に何をすべきか、より近いところが決まるのです。

では、あなたの人生で一番遠いところはどこでしょう。

それは、この肉体を去るとき、つまり死ぬときです。

人間は例外なくいつか必ず死にます。

その時がいつ来るのかは、誰にもわかりません。

あなたが天寿を全うしてこの世を去るときを想像してみてください。

そして、自分の人生を振り返って心の底から、

「ああ、自分の人生はすばらしかった！」「最高だった！」「なんていい人生だったんだろう！」

と思え、

「いろいろあったけど、今となっては何の一点の曇りもない。やることはすべてやり切った！」「人生の目的、自分の生きる使命、天命を全うした！」

と感じ、そして、愛する人に囲まれて、本当に心の底から「ありがとう！」と感謝の心に満ちあふれて、この世を去れたらどうですか。

あなたにとってこれ以上の最高の人生はありません。これこそ、人生の最高の終着点、究極の結論なのです。

これが、人生の最終目的地であり、この目的地をまずはっきりさせる必要があります。そして、この最終地点から、「過去」と「現在」を見ることで、自分がこの人生において何をすべきかが明確に見えてくるのです。

死から生を見る ――

　つまり、「現在」から「将来」に向かって目標を立てるのではなく、**まったく正反対に、「最高の人生を生き切った」という地点から人生を見ていきます。一度、死に臨み、死から生を見るのです。**あなたがこの世を去るときに、生きることの尊さ、命の尊さ、時間の尊さがわかります。頭でわかるのではなく、魂でわかるのです。

　死ぬ時には、お金も土地も財産も肉体も愛する家族も何も持っていけません。人生で手に入れたあらゆるものをすべて置いていかなくてはならないのです。

　そして、肉体の命を置いてあの世に去る時、その時に初めて、後から付け加えたのではない「本当の自分」が浮き彫りになります。

　あなたが死に臨んだその瞬間、これまで大切だと思ってきたものを手放さざるをえなくなり、そして、人生において一番価値のあるもの、すなわち「本当の自分」である真我を全身で体感し、魂の底で目覚めるのです。

考えてもみてください。

この人生は一回限りです。

あなたの肉体の命が終わり、死ぬ時になってやっと「本当の自分」に目覚め、今回の人生でどう生きるべきだったか、何をすべきだったかに気づいたとしても、遅いのです。

だからこそ、死ぬ時にそれに気づくのではなく、まさに、今、一日も早く「本当の自分」である真我に目覚め、そして、残りの人生をその「本当の自分」を出して生き切っていく、自分の本来の役割を知り、それを果たしていくことこそ、人生において最も大切なことなのです。

時間的全体から「本当の自分」である真我を体感し、開発するこの手法を、私は「未来内観」と呼んでいます。「最高の人生を生き切った」という一番遠い人生の目的地から、あなたの過去そして現在を見ていきます。

今、肉体をもって生きている時に、この体験をすることで、自分は何のためにこの世に生を受け、そしてどういう役割があり、何をやって残りの人生を生きていくのか

―― 死から生を見る（時間的全体・未来内観） ――

「最高の人生を生き切った」地点から人生を見る。

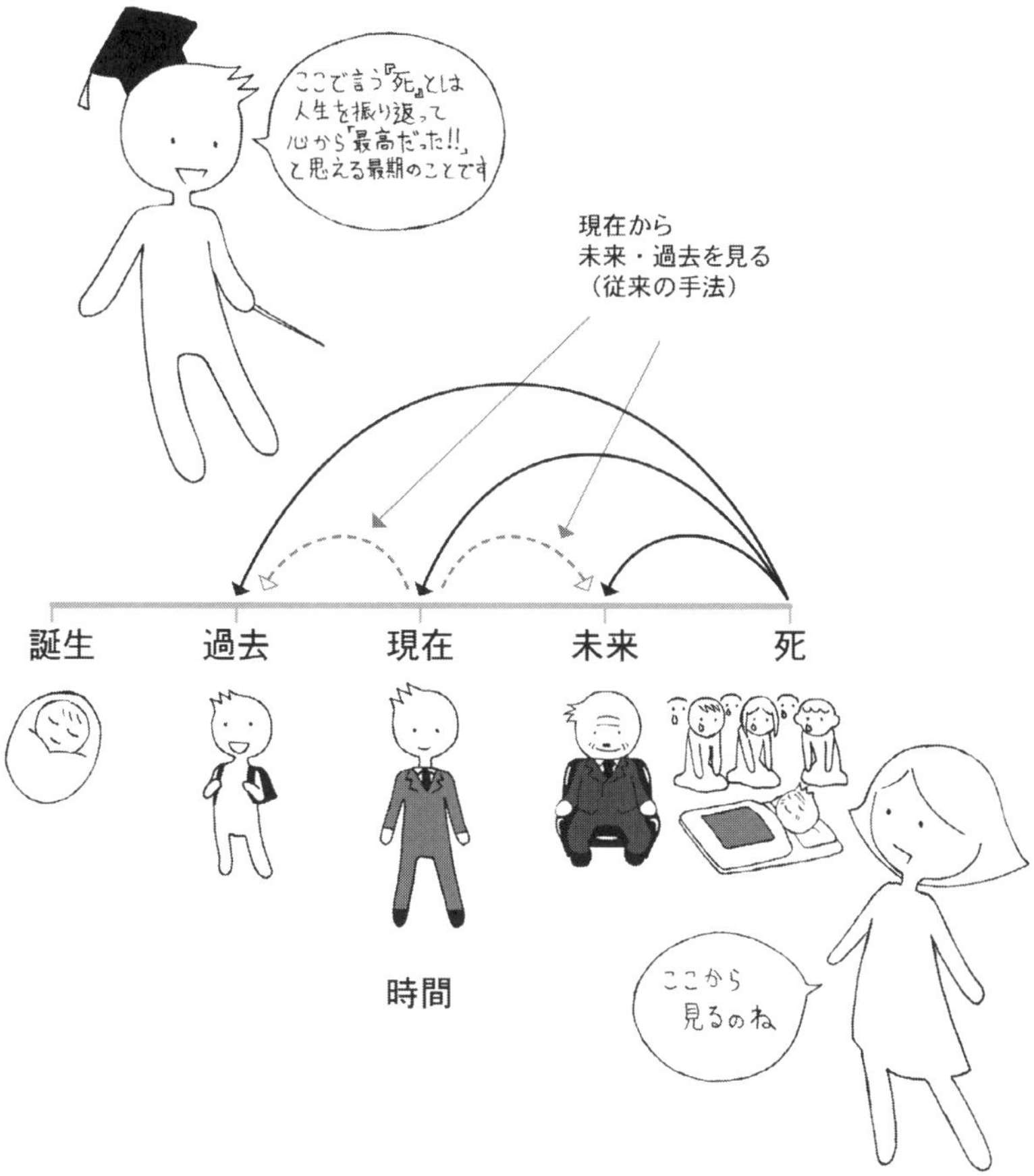
ここで言う『死』とは
人生を振り返って
心から「最高だった!!」
と思える最期のことです
現在から
未来・過去を見る
（従来の手法）
誕生
過去
現在
未来
死
時間
ここから
見るのね

という、自分の生きる使命を自覚し、人生の究極の目的が明確になるのです。

そんなことが本当にできるのでしょうか。

約二〇年にわたり、三万人以上の方々を見てきた事実から断言できますが、それが可能なのです。肉体を持ったままで、一度「死んで」、時間的全体から人生を見ることで「本当の自分」を全身で知る、すなわち体感することができるのです。

2 空間的全体から真我を開発する

「本当の自分」である真我を体感する手法には、もう一つ、違う角度からのアプローチがあります。次に空間的全体から真我を体感する手法についてお話しします。

あなたは今どこにいますか――

あなたは、今、どこにいますか。

たとえば、私は新宿区にある自分の事務所にいます。ですが、東京都にいるのも事実です。日本にもいる。世界にもいる。地球にもいる。そして、究極的な捉え方としては宇宙にいます。

どれも正しいのですが、視点を置く次元を変えると見方が変わるのです。次元というのは、空間的な高さと捉えてください。たとえば、宇宙にまで伸びたエレベーターがあったとして、それに乗って上がっていけば次第に次元が高くなり、「どこにいるのか」という問いへの答えも変化するわけです。

そして、このことは、私たちの意識にもあてはまります。私たちはどの次元を意識するかによって、物事の見方、発想がまったく変わってきます。高く上がれば上がるほど広く見えます。そして、一番高いところからは全体が見えるのです。

あなたが日々の仕事をする上でも、それは何のためなのか。自分の給料のためなのか、家族のためなのか、会社のためなのか、お客様のためなのか、業界のためなのか、地域社会のためなのか、日本のためなのか、地球のためなのか、宇宙のためなのか、というふうに、いろいろな次元があります。そして、どう捉えるかで、出てくる発想が変わるのです。

最も高い次元――

では、最も高い次元はどこでしょうか。

それは、宇宙の次元です。もっとも高く完全な次元です。この次元の意識、すなわち宇宙意識、また宇宙そのものを神と呼ぶなら、神意識の次元から見ることで、物事の全体、そして完全さ、完璧さが見えるのです。

精神世界に関する本の中には「すべては完全で完璧に起きている」と教えるものもあります。ですが、自分の人生における汚点、辛かったこと、許せない人など、そう思おうとしても思えるものではありません。

しかし、そういった人生における不完全だと思っていた数々の出来事は、今までの経験の記憶により形成された不完全な心で捉えた出来事であって、完全から見たら、まさに財産としか思えないのです。今までの出来事の何一つ欠けても、今の自分はない、かけがえのない完璧で完全なものだという事実が魂の底から感じられ、はっきり見えるのです。

「なぜあんな嫌なことが起きたのか」という思いは、そのように「嫌なこと」だと捉えている心では決して変えられないし、消せないのです。

しかし、あなたが最も高い完全な意識に入った瞬間、どんなに悲劇的に思えていた出来事も全体におけるその意味、つまり完璧さが見え、その出来事に対する感謝の気持ちがあなたの内側から湧き出してくるのです。

不完全から完全を見ようとする過ち——

よく、宗教団体などでは、悩み苦しみ、波立った私たちの不完全な心で、救いを求め、そして外に神仏をつくり、それを一生懸命拝んだりしますが、なかなか救われないことが多くあります。

それは、不完全な人間の心で、完全な神仏を見ようとしているからです。

不完全な心で完全を見ようとしたら、完全なものまで不完全に見えてしまいます。

ちょうど、曇った眼鏡でものを見ると、どこまでいっても曇って見えるのと同じです。

不完全から完全が見えるわけがありません。**完全から見たら、不完全に見えていた**

ものの完全さが、見た瞬間にわかるのです。

宇宙意識から見る――

空間的全体から真我を体感し、開発するこの手法を、私は「宇宙無限力体得」と呼んでいます。この手法では、私たちの意識を一番高い次元、つまり、宇宙意識、神意識といった高い意識まで一気に上昇させ、完全なる神の視点からすべてを見ていきます。自分、家庭、会社、仕事、日本、世界、地球、宇宙など、あらゆるものを最も高い意識から見ていきます。

果たしてそんなことができるのか。これができるのです。

なぜなら、もともとあなたの「本当の自分」とは、その宇宙意識、神意識といえる高い意識に他ならないからです。あなただけでなく、全人類が本来、この意識なのです。

そして、この意識に入ったとき、あなたは一点の曇りもなく自覚します。**自分と宇宙とは一体。自分と神は一体。すべてはひとつ。もともとひとつ。まさに神を自覚す**

−完全から不完全を見る（空間的全体・宇宙無限力体得）−

もっとも高い意識次元からすべてを見る。

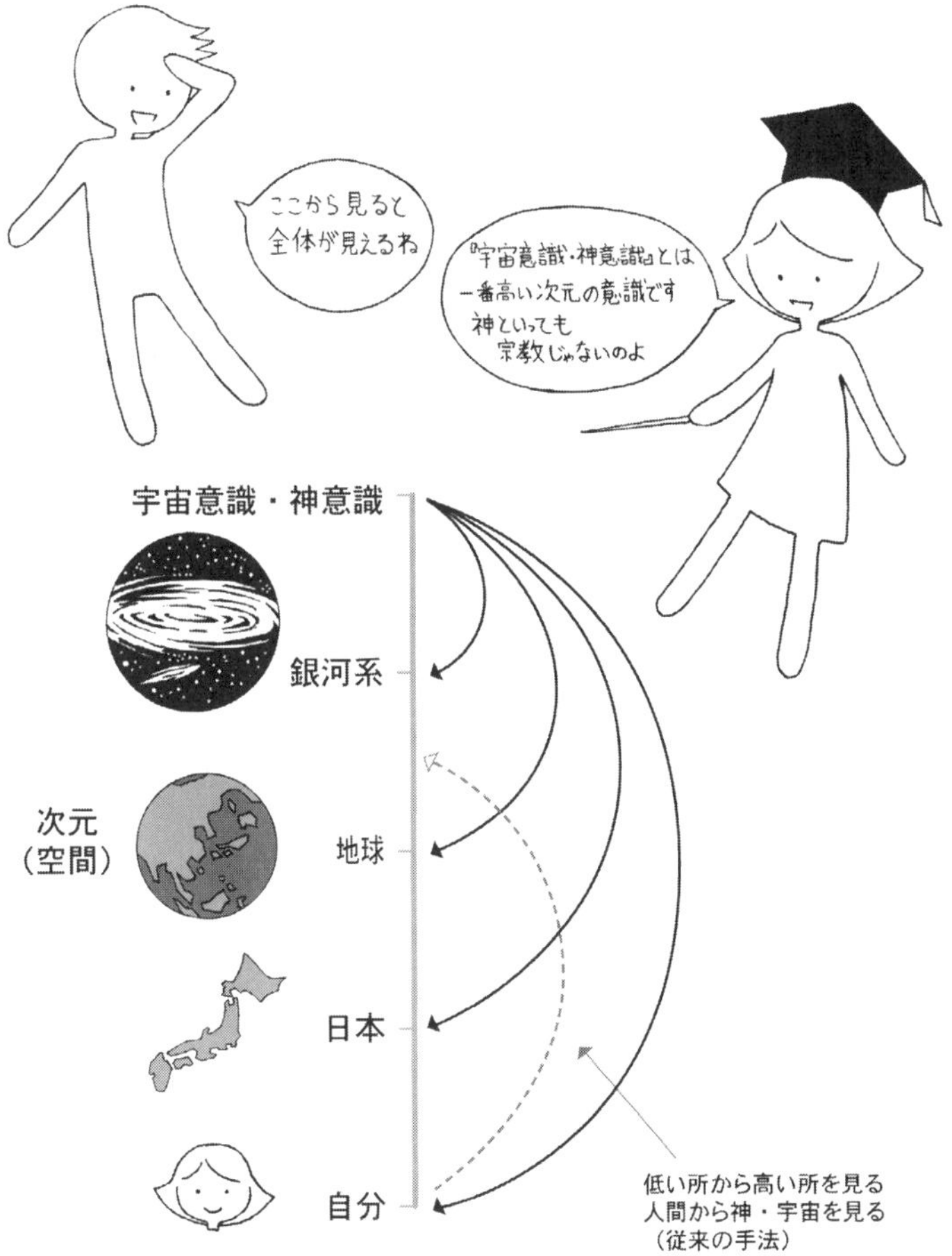
ここから見ると
全体が見えるね
『宇宙意識・神意識』とは
一番高い次元の意識です
神といっても
宗教じゃないのよ
宇宙意識・神意識
銀河系
次元
（空間）
地球
日本
自分
低い所から高い所を見る
人間から神・宇宙を見る
（従来の手法）

るのです。もともと神意識があなたの本体であったことに気づくのです。

全体がみえる視点――

意識次元と言っても、あまりピンとこないかもしれません。

いったい何をもって意識が高い、低いと言うのでしょうか。

意識が高い低いというのは、全体で見ているのか、目の前で見ているのか、ということです。たとえば、火事が起きたとき、目の前でそれを見ている人と、全体を見渡せる高いところにいる人とでは、どちらが的確な判断ができるでしょうか。

目の前で火事を見ている人は、目の前で火事になっている家にばかりこだわってバタバタ慌てながら、火が移りそうな隣の家まで見えていないかもしれません。

全体が見えれば、その見えるところで判断できるようになるのです。

意識が高いというのは、より全体像から見て判断できるということです。

ぶつからない世界――

もうひとつ別の例を挙げましょう。たとえば、日常生活で頻繁に人間関係のトラブル、ぶつかり合いがある人がいたとします、しかし、その人が意識次元を上げると、人とぶつからなくなるのです。

これはちょうど、飛行機が低空飛行していると、家にぶつかるようなものです。ぶつからないようにテクニックで合間をうまく切り抜けていく人もいますが、そうではなく、次元上昇して、もっと高く飛べば家にはぶつからなくなるのです。

しかし、今度はビルにぶつかります。

もっと高く飛べばビルにはぶつかりませんが、山にぶつかります。そして、さらに高く飛ぶと、ビルにも山にも何にもぶつからない、自由な世界があるのです。

それが高い意識次元から見た世界です。

そして、あなたの意識がさらに次元上昇していくと、あたかも大気圏を突き抜け、宇宙空間に飛び出し、エンジンさえいらなくなるような世界があります。まさにすべてと一体になり、その中で動かされるようにすべてのことが自動的に解決されていくような世界を味わうのです。

もともと神だから、神意識になれる――

次元を上げて、高い意識次元から物事を見るといっても、少しずつ上げていくわけではありません。たとえば、修行して上げていくようなものではないのです。

なぜ、あなたが神意識の高みにまで上れるのかといえば、それはあなたがもともと神だからです。そのことに気づくだけなのです。神に「なる」のではなく、神を「自覚する」のです。それは一瞬で起こります。

ちょうど、山に登るときに、一合目から足で登っていくのではなく、ヘリコプターで一気に山頂に降り立つようなものです。後から作られたものは一瞬の内には出てこないとしても、もともと内在しているものは、一瞬にして表面化しても何ら不思議ではないのです。

ぶつからない世界

意識次元を上げていくと、人とぶつからなくなり、最後には「動かされる世界」へ入る。

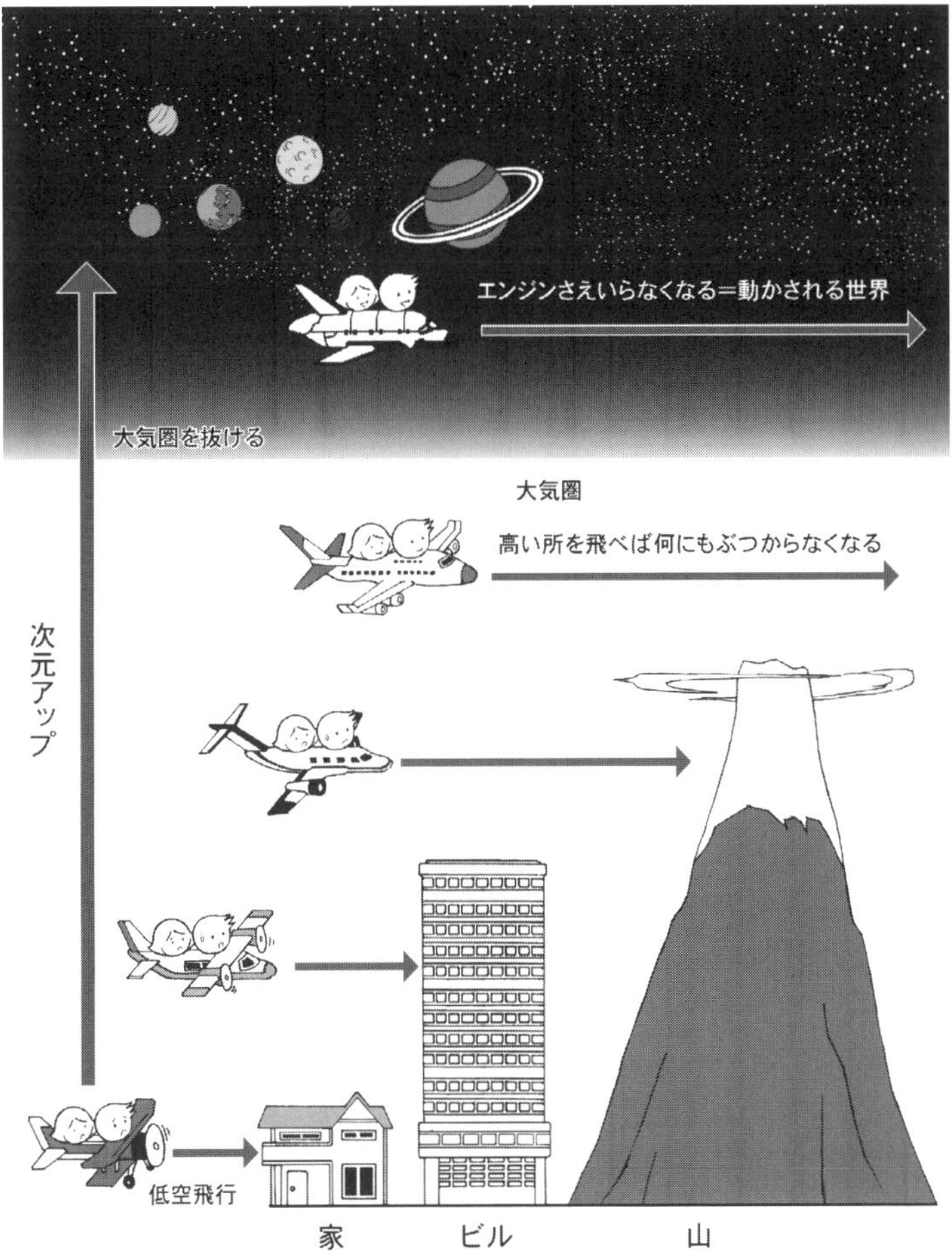
エンジンさえいらなくなる=動かされる世界
大気圏を抜ける
大気圏
高い所を飛べば何にもぶつからなくなる
次元アップ
低空飛行
家
ビル
山

さらに、「本当の自分」に出会う別の手法があります。それは、苦しみの根源である「執着」をすべて捨て去るというものです。

3 執着を手放す

なぜ外に求めるのか――

あなたは今までの人生で、いろいろなものを手に入れようとしてきたかもしれません。では、なぜ何かを得ようとするのかといえば、それを手に入れることで自分が喜べると思うからです。

しかし、あなたの中には完全で完璧で、愛され、満たされ、喜んでいる心がすでにあるのです。まさに「喜びそのもの」である心です。本当に心の底から喜びたいのなら、外に求め何かにしがみつくのは遠回りです。いえ、遠回りどころかまったく逆なのです。

あなたの内には「すでに喜んでいる」心、「喜びそのもの」「歓喜そのもの」の心があるのです。それをただ引き出せばよいのです。

捨てて得られる歓喜の世界――

そして、この心を引き出すためには、すべてを捨てていくことが必要です。外の物事にしがみつく心、すなわち執着心を捨てるのです。

これは、実際に所有しているモノを捨てるという表面的なことではありません。かたちだけ捨てても、心で握っていれば無意味などころか、捨てたことに対する後悔が出てきていっそう苦しむのです。

心で捨てる、手放すのです。

すべての執着心を捨てていきます。捨てて、捨てて、すべてを捨て切ったとき、どうしても捨てることのできないもの、後から付け加えたのではない、もともと存在した「本当の自分」である真我がパッと一瞬にして浮き彫りになります。

そして、「愛そのもの」「感謝そのもの」「喜びそのもの」である真我を体感したとき、あなたは予想もしなかった「歓喜の世界」へ入っていくのです。

あなたは、そのとき、何も持っていない、何も付け加えていないのに、喜びで満たされます。何かを手に入れなくても、すでに喜んでいる自分がいたという事実に気づき、後から後からとめどなく喜びがあふれ出てくる体験をします。

「無一物無尽蔵」という言葉があります。「自分のものは何ひとつない。しかし、この世のものはすべて自分のもの」ということです。

捨てる、手放すことで、逆にすべてが手に入る。そんな世界が本当にあるのです。

身も心も軽くなり真実が見える――

何かにしがみつき執着すると、身も心も重くなります。ですから、その執着の心を捨て去れば、心身が一気に軽くなります。

そしてすべてを捨てて、あなたの心が透明になったとき、今この瞬間に至るまでのあらゆる出来事には、あなたへの「神からのメッセージ」が常に示されていたことがはっきりと見えてくるのです。

過去の出来事がすべて自分の内なる神からのメッセージであったことに気づき、マイナスだと思っていた出来事や、人生の汚点だと思っていた出来事すべてに感謝の心が湧いてくるのです。頭で理解するのではなく、体感できるのです。そして、仮にどれほどトラウマがあっても、消えて感謝に変わってしまうのです。

4 たった二日で真我に目覚め、現実生活に、即、生かせる

以上、「本当の自分」である真我を体感する手法の仕組みを簡単にお話ししました。これは私に一瞬のインスピレーションで出てきたものです。ですから、これで本当に多くの人の真我を開発できるのかと、私自身が常に疑ってきました。

しかし、この手法に基づいた研修カリキュラムを進行し、参加された方が目の前で真我に出会う姿を見続ける中で、疑いは確信に変わっていきました。

自分の中からとめどなく湧き上がる喜びの心に感動して涙を流す方、今まで長年まったく許すことのできなかった人への恨み辛みが一瞬で消えてしまって、感謝と喜びに変わってしまう方など、真我を体感された方は驚くべき心の変化を示されます。

そして、その心を持った人が現実生活に戻って、その心のまま生きることで人生を大きく変えてきた事実、膨大な実例を見てきて、「本当の自分」に確実に出会うための手法として今ではゆるぎない確信を得ています。

これは何かの考え方や教えではないのです。

この手法を用いた人がどういう体感をしたのか、そして、その後の現実生活の中で、どうなったのか、その実証だけがこの手法の有効性の根拠なのです。


「本当の自分」に出会う方法は、たしかに過去から多くの聖人・偉人によって考案されてきています。しかし、たとえどこかの宗教の開祖が悟りを開いて何人かの弟子などはその境地に達したとしても、それが正しく継承され、広がり、多くの人が実際に「本当の自分」に出会い、その愛の心を日常の現実生活に生かせている例は、いったいどれほどあるのでしょうか。むしろ時代の流れとともに形骸化・儀礼化したり、組織の存続・拡大が自己目的化したりしているように見受けられるものもあります。

私は、過去の聖人たちがやろうとしてきたことを否定するものではありません。むしろ、偉大な先達が本当にやろうとしてきたこととは、宗教団体や組織を作ったり、倫理・道徳の教えを広めたりすることではなく、まさにこの「本当の自分」である真我を開発することに他ならないと捉えています。

本章で紹介した、時間的全体・空間的全体からアプローチして真我を体感する手法も、すべてを捨て去って真我を体感する手法も、たったの二日間という短期間のカリキュラムとして実施されています。これは圧倒的なスピードです。

たった二日で、今まで難行、苦行の末、一生かけてもたどり着くかどうかは保証の限りでない、と言われているような究極の境地を体感できるのです。

また、その真我の愛の心を、肉体を持って他人との人間関係の中で生きていく日常の現実生活に「即、生かせる」のです。現代社会に必要不可欠な手法なのです。

ぜひ、あなたにも一刻も早く「本当の自分」を見つけ、それを全身で魂の底から体感し、すばらしい人生を切り開いていっていただきたいのです。

第四章　「本当の自分」がもたらす現実の変化

第四章　「本当の自分」がもたらす現実の変化

何をもって真我の目覚めか――

今まで本や人から聞いた話で知っていた「愛」「喜び」「感謝」をイミテーションだとするなら、真我はあなたの内にある本物のダイヤモンドです。

だからこそ、あなたが「本当の自分」である真我に出会った瞬間、想像を絶する体感があります。私が見てきた数万人の人々は、自分の内にすでにあったダイヤモンドである真我を体感すると、滂沱《ぼうだ》の涙を流し、感涙にむせび泣くことでその感動を表現する方が大多数です。ただし、真我に固定的な表現形はないので、「こういうことを言ったら」「こういうことをやったら」真我だということではありません。

では、いったい何をもって「真我の目覚め」というのでしょうか。

それは、日常の生々しい現実生活の変化です。

今、あなたの目の前にある現実は、すべてあなたの心の反映です。**あなたが真我を体感し、その湧き出るすばらしい喜びそのものの心に変わったら、原因と結果の法則により、必然的に目の前の現実も変わってくるのです。**

今、どんなに無気力に悩まされていても、心の底からやる気が湧き上がってきます。今、どれほど大きな問題を抱え壁にぶつかっていても、自動的に解決していく世界があります。

精神世界に深入りすると、俗世の現実生活を捨て山にこもって修行しようとしたり、また反対に、傍から見ると明らかに疑わしい現世利益的な教えに足をとられたりしがちです。

しかし、本物の悟りとは、一瞬にして「本当の自分」に目覚め、あなたの心が変わった結果として、目の前の現実が変化していく世界です。

あなたの人生を導くナビゲーターとは、何かの教えでも教訓でもなく、あなた自身の内にすでにある最高のダイヤモンドである「本当の自分」なのです。

小聖は山で悟り、大聖は街で悟る――

「悟り」というと、山で座禅をしたり、瞑想したり、また心の世界の知識を身に付けたりといったことを想像するかもしれません。しかし、そうやって心を追求するさまざまな場所へ出向き、心に関する膨大な書物を読んだ結果、むしろ、世間から浮いた存在になってしまう人が多々いるのです。

口では立派な心の知識を並べ立てていても、現実の仕事がまったくできない。愛が大切だと知っていながら、夫婦・親子喧嘩が絶えない。調和が大切だと言っていながら、人間関係はなぜかいつももつれている。座禅や瞑想をしていても、借金問題に悩まされている……というように、知っていることや言っていることと、やっていることとの落差が激しくなってしまうのです。

瞑想をすることや、心の知識を身に付けることが悪いのではありません。しかし、大事なのは現実生活での実践なのです。

私は「真我の隣に実践あり」と言っています。人里離れた山奥で悟ったつもりになっても、それは本当の悟りとはいえません。街の中のドロドロした社会の中で、日常の生活の中で、現実の人間関係の中で生かしてこそ本物の悟りなのです。

真我は愛です。ですから、本当に真我に目覚めていったら、愛から出る知恵が自然と湧き出てきます。そして、やる気も、人に対する思いも、仕事に対する姿勢もすべて変わってきます。あなたの見ている現実が丸ごと変化していくのです。その結果、仕事の問題も、そして、健康の問題も、家族や職場の人間関係の問題も、すべての問題が同時に、見事なまでに解決していく世界に入ります。

では、真我に目覚め、「本当の自分」の導きに沿って生きると現実の諸問題がどう解決していくのか。次に、仕事、お金、健康、人間関係の分野別に実例を交えて簡単にお話しします。

1 仕事

喜びのモチベーション――

「本当の自分」である真我に出会い、自分の本来の役割、使命が明確になると、それを果たしていくことに、とてつもない喜びとやる気、つまりモチベーションが湧いてきます。

やる気といっても、自分の欲望むき出しでお金や名誉を求め、その手段として仕事に邁進《まいしん》するという「欲望のモチベーション」ではありません。自らが喜びにあふれて仕事に取り組み、その仕事を通じて他人にも喜びを振りまいていくような「喜びのモチベーション」です。

ある生命保険会社の営業マンは、真我を開発した結果、愛の心があふれ、人が皆大好きになって「喜びのモチベーション」で日々の仕事に取り組んだところ、行くところ行くところ思いがけない契約が次から次へと舞い込みはじめました。さらに部下も一体になって協力してくれるようになり、気がついたら日本一の実績を出していたのです。

仕事の成績を上げようと真我開発に取り組む方は大勢いますが、営業マンなどは真我に出会い「愛の心」「与える心」でお客様に喜ばれるようになった結果、三倍、五倍、十倍といった飛躍的な業績をあげた事例が数多くあります。

「本当の自分」に導かれる人生――

また、自分の本来の役割、使命が明確になった時に、自分の性質とは違うことをやっていることがわかれば、職業が変化したり、また同じ職場にいても自分のする仕事が変わったりします。

あなたが「本当の自分」である真我に目覚めると、そのエネルギーにあった現象の変化を引き寄せます。あなたの心を磁石にたとえれば、愛と喜びと感謝の心で満たされると、明らかに別の磁力に変わるわけです。今まで鉄しか引き寄せない磁石だったとするならば、真我を開くことで黄金を引き寄せる磁石になるのです。

すると、思いもよらない出来事に遭ったり、出会う人が変わり、入ってくる情報が変わったりします。そして、その出会いや情報という縁によって導かれるように本当に自分がやるべき事へ人生の物語が展開され、使命・天命に導かれていったり、天職を見つけたりするのです。

以前、仕事に対してやる気を失い停滞状態だった方が、どうにかやる気を出して業績を上げたいと真我開発の指導を受けました。そして、すばらしい「本当の自分」を体感したのですが、その仕事に対するやる気はさらに出なくなってしまったのです。しかし、重要なのはこの後です。この方には突然、次々と新たな出会いが起こり、新しい情報が入ってくるようになる中で、本来の自分の資質を生かせる意外な仕事に短期間の内にめぐりあうことになったのです。

今では心の底から喜びにあふれ仕事に取り組んでいるとのことです。

もし、あなたが自分の本来の役割とは異なることをしていた場合は、真我を開発した結果、その仕事に対するやる気が出なくなる事態も起こりえます。

これはあくまでわかりやすいたとえとしてお話ししますが、今までドロボーの集団にいた人が真我を開発して、ドロボー稼業に対するやる気がさらに湧くということはないのです。心が変わり、エネルギーが変化することでそのドロボー集団にいることができなくなり、まったく別の、全身全霊で打ち込め、周囲や世の中に喜びを与える仕事へと導かれていきます。

そして、「本当の自分」である真我に出会い、自分の本来の役割を自覚して、人が大好きになり喜びのモチベーションで使命を果たしていけば、お金も自然についてくるのです。

2 お金

お金と心の関係――

この世のあらゆる事柄は、原因と結果の法則によって成り立っており、原因はあなたの心です。お金、すなわちあなたの経済状況も例外ではありません。

お金は心と密接な関わりがあります。というのも、お金それ自体に羽が生えて、あなたの財布に飛んで入ってくるわけではないからです。

お金とは、人が運んでくるものなのです。そして、運んでくる人は皆、それぞれ心を持っています。人があなたに寄ってくる、それと同時にお金は運ばれてくるのです。

そして、どういう人に多くの人々が寄ってくるかは明白です。誰よりも先に、相手が喜ぶことを、相手に与える人、そんな人にファンが増えるのは当然です。

それまで自分の給料を上げることしか考えず、いかにお客さんから「奪う」か、というドロボーのような発想をしていた営業マンが、真我を開発した後に「どうすればお客さんの役に立ち、喜んでいただけるか」というサンタクロースの「与える」発想に一八〇度転換し、その結果、業績が急上昇した例も枚挙に暇がありません。

たしかに、どう見ても欲の塊にしか見えないような人が経済的成功を収め、時代の寵児《ちょうじ》としてもてはやされる例があります。

しかし、昨今の企業不祥事や経済犯罪の報道などを見るにつけ、己の欲望を追求した結果、一時的な経済的繁栄が得られることはあっても、真に永続的な物心両面での成功にはほど遠いことがわかります。

「本当の自分」である真我に目覚め、愛の心、喜びの心、感謝の心に満たされると、「奪おう」とする欲望のモチベーションではなく、喜びのモチベーションでお客様に接し、目の前の仕事に取り組むようになります。喜びのモチベーションで取り組む仕事は、疲れず、さらに人とお金を引きつけ、あなたを物心ともに豊かにするのです。

3 健康

「本当の自分」である真我を体感された方の中には、持病の病状が好転したり、消えてしまったりというようなことも数多くあります。それどころか、医者がさじを投げるような病が消えてしまった奇跡のような知らせが次から次へと私の元に届くのです。

にわかには信じがたいかもしれませんが、驚くべき事例が数え切れないほどあるのです。

たとえば、六年間歩けなかった人が、急に歩けるようになった例。顔面神経痛で目が斜めになり、鼻が横にずれ、口が曲がっていた方が、まったく普通の顔に戻った例。また、特に心の不調和が原因である不眠や鬱など心の問題から解放されたという例に至っては無数といえるほどです。二年間の「引きこもり」から完全に脱した青年、十年来繰り返し再発する鬱状態がまったくなくなった技術者、不登校だったのに自発的に学校に行きはじめた中学生など、膨大な事例があります。

なぜ、「本当の自分」である真我に目覚めることで、心身の病が好転したり、消えたりするのか。このことを不思議に思う人が多いのですが、宇宙の法則から見れば、ごく自然なことです。

宇宙の法則、神の力とは「元に戻る力」――

宇宙の法則とは、本来の姿に戻ろうとする作用です。

神の力は、元に戻ろうとする働きなのです。

上に放り投げた石ころは、下に落ちます。川は、流れて海に戻ります。振り子の先

元に戻る力

振り子をつかんでいる手(人間の力) を離せば、元に戻る力(神の力)が働く。

振り子

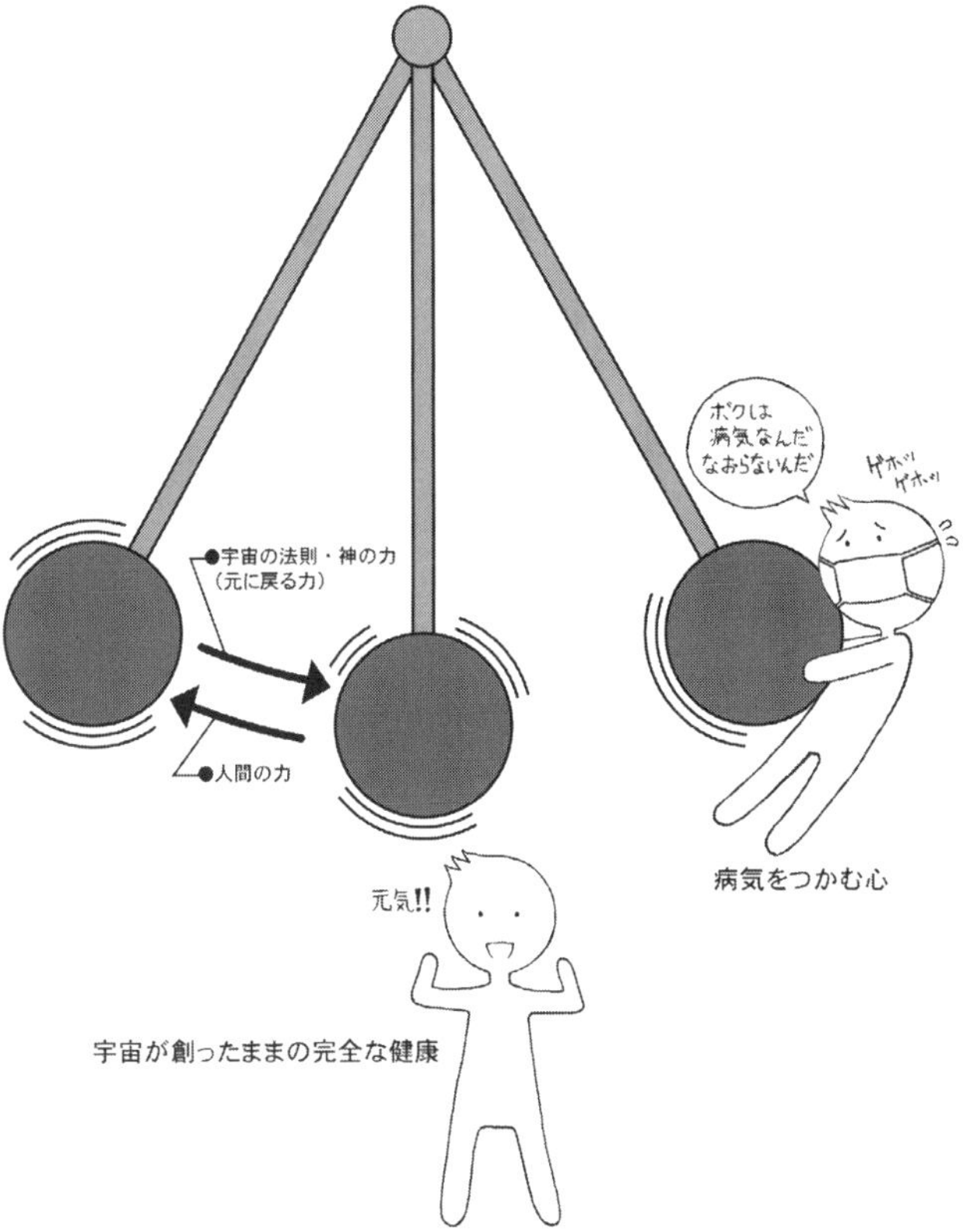
●宇宙の法則・神の力
(元に戻る力)
●人間の力
ボクは
病気なんだ
なおらないんだ
ゲホッ
ゲホッ
病気をつかむ心
元気!!
宇宙が創ったままの完全な健康

病気をつかむ心を放した瞬間、 あなたは健康になるを手で持ち上げて放すと、元の位置に戻ります。すべてが、元に戻ろうとする働きなのです。

人間の心身も病気になったら、本来の健康体に戻ろうとする自然治癒力が働くのです。

私たちの心臓が動くリズム、海の水が岸辺に打ち寄せる波のリズム、地球が回転するリズム、宇宙のリズムは本来、調和された同じリズムです。そして、人間の身体における調和が健康です。しかし、私たち人間が勝手に作り出した不調和が心に生じると、そのリズムに不協和音をもたらすのです。

私たちを含めたあらゆる存在は、宇宙として元々ひとつの同じリズムで調和されているのです。真我に目覚めるというのは、私たち人間の頭や業の心が生み出す幻想から解き放たれ、大調和に目覚めることです。これから調和するのではなく、元々調和している事実に目覚めることです。その調和の中で自然治癒力が働くのです。

病気というのは本来の姿ではありませんから、「本当の自分」に気づいたら、元の健康体に戻ろうとするのです。それにもかかわらず、「私は病気だ、病気だ」といって、病気をつかんでいるのです。元の位置に戻ろうとする振り子を、人間が手でつかんで戻らないようにしているようなものです。

真我に目覚めてその手を放した時に、人間本来、宇宙が創ったままの自分に戻ることができるのです、これこそ、世界最高の名医であり名薬といえます。

宇宙最高の名医はあなたの心の奥にいるのです。

4 人間関係

人間関係の原点――

事業などで成功を収めた人にも、家庭がボロボロという人は多くいます。また、一時的な経済的成功と引き換えに、多くの敵を作ってしまうこともあります。そんな人が本当に人生の成功者といえるでしょうか。人生とは人間関係に他ならないのです。

真我とはあなたの内なる愛の心ですが、その真我を体感した瞬間、多くの人が両親に対して湧き上る感謝の心に包まれます。仮にどれほど確執があり、どれほどトラウマがあり、どれほど虐待された親であっても、想像を絶する感謝の心が突き上げてくるのです。

私が約二〇年の間、現場で人々の心を見てきてわかったのは、**悩みの大部分は実は人間関係の悩みだということです。そして、現在の人間関係における摩擦や問題は、両親との関係が基本になっているのです。**

八つ当たりの長期版――

私を訪ねてきた方の中に、結婚しても「相手が誰でもなぜか理由もなく離婚したくなる、幸せになるほど自分で壊したくなる」という思いに駆られ、実際に離婚し、また再婚した相手とも離婚寸前の女性がいました。

彼女は幼少の頃、浮気をしていた父親をとても恨み、母親の痛みの復讐を幼心に抱いて育ったのです。しかし、頭では両親に感謝しましょうと教わっているので、恨む気持ちを無理やり心の奥の潜在意識に押し込んだまま、表面的には忘れたようになっていました。

しかし、潜在意識は、誰彼の区別がつかないのです。そして、父親への恨みがそのまま夫に対して出ていたのです。まさに八つ当たりの長期版ともいえる例です。こうした、両親との人間関係の記憶が、別の対象に同じ現象のパターンを繰り返してしまう原因となっているのです。

仮にあなたの両親がすでに他界していても、仮にあなたが孤児だったとしても、あなたが今、ここに肉体をもって存在している以上、あなたには必ず両親がいて、先祖がいるのです。そして、あなたの心の中にいる両親との関係が、あなたが繰り返す人間関係のパターンを決め、あなたの人生そのものを決定づけているのです。

両親との関係を修正する――

洋服を着る時、最初のボタンを掛け違えると、最後までズレてしまいます。一つ一つは掛けていくことはできますが、掛け違えていたことに気がつくのは最後です。ズレたままの人生を送っていても気づかず、死ぬときになって、「こんなはずじゃなかった……」と思って死んでいく人が多いのです。それはすべて、最初のボタンを掛け違えているからです。

最初のボタンとは、両親との関係です。

生まれてまもなく、両親が喧嘩ばかりしていたり、きつく叱られたりしたら、そのことがトラウマとなって、親に対して憎しみや恨みを抱いてしまうことがあります。それが、大人になっても、人間関係に悪影響を及ぼすのです。家庭での夫婦関係でも、職場での上司・部下・同僚との関係でも、原点は両親との関係であり、その両親との関係がズレていると、すべてがズレた人生を送ってしまうことになります。

だから、**原点である両親との関係を修復することが絶対に必要なのです。**

私のもとを訪ねて来た方で、数十回にわたり転職を繰り返している男性がいました。どこの職場に行っても上司や社長とすぐ衝突し、大喧嘩して辞めてしまうのです。

彼は、自分の父親に対し、深い憤りを心の中に持っていました。しかし、真我を体感した結果、その憤りが自分の勘違いであり、大きな愛の表現だったという事実に目覚め、それまでどうしても許せなかった父親を心から許すことができ、感謝の心で全身が満たされたのです。

そして、それと同時に、職場での上司との人間関係が急激によくなり、今では社長も手放せない存在になって大活躍しています。

水道の蛇口をひねると水が出てきます。しかし、その水は鉄管を通して貯水タンクまでつながっているのです。両親との関係を水道の蛇口にたとえると、鉄管は先祖にたとえられます。そして、貯水タンクは神です。

水道の蛇口をひねって水が出てきたら、鉄管をはじめ貯水タンクと全部の水が動き出します。だから、あなたが両親に本当の意味でつながったら、先祖も神も全部あなたの味方になるのです。そして、運命が大きく変わり、あなたが思いもよらない展開でどんどんよい人生を歩むことが可能なのです。

5 人生のマスターキー

真我に出会うと現実生活がどう変化するのか、簡単にお話ししてきました。なぜ、解決できる問題の種類を問わないのか。それは、何かを問題として捉えて悩んでいるのもあなたの心であり、実際に問題を引き起こしている原因もあなたの心だからです。だから心が変われば、捉え方が変わり、そのことで現実が本当に変わっていくのです。

何百室もある大きなホテルの部屋も、たった一つですべての部屋を開けることができる「マスターキー」というものがあります。私たちの人生で生じる問題を、仕事の問題、お金の問題、健康の問題、人間関係の問題と、挙げていけば無数にあるでしょう。それらに対して個別の解決策を与えるのではなく、心を変えることにより、同時に解決するのです。

問題も解決も、すべてあなたの心の中にあります。外に求める必要はないのです。

だからこそ、あなたの心、過去の記憶に手を付ける必要があり、それができるのが、あなたの内なるダイヤモンド、「本当の自分」である真我、すでにある愛そのものの心を開発することなのです。

第五章　ひとつの世界

第五章　ひとつの世界

1 シンクロニシティが起きる世界

あなたが真我に目覚め、宇宙の法則に従って生き、「本当の自分」に目覚めて自分の使命・天命を果たす方向に動いていくと、その道が正しいことを示すメッセージのような現象があなたに起きてきます。

それはたとえば、何かをやろうとする際に、驚くべきタイミングで協力者が現れたり、必要なものが思いもよらず天から降ってくるように与えられたりといった具合です。

あなたがやろうとすることが、あなたの生きる使命・天命であるならば、そのような意味ある偶然の一致、いわゆるシンクロニシティ（共時性）現象が頻繁に生じます。あたかも、自分が本来の役割を果たすことを全世界が応援してくれているような、まさに意思や努力を超えた「動かされる世界」に入っていくのです。

つながっている世界――

シンクロニシティ現象が起きる世界とは、要するにすべてがつながっている世界です。

集団で空を飛んでいる鳥や、海を泳いでいる魚の群れは、一斉に向きを変えます。リーダーがいて、こっちに行けといっているわけではないのです。まったく同時に「ピッ」と向きを変えるのです。各々の個体が、深いところでひとつとしてつながっているからこそ、それが可能なのです。

そして私たちにも、つながっているひとつの世界があります。

私とあなたは、別の人。そう捉えるのが普通です。しかしそれは肉眼で見える世界で、肉体が分離して見えるからです。しかし、目には見えなくとも、意識の奥深いところではつながっているのです。私たちの考えや観念、また個人の体験・経験による記憶は個々別々の記憶ですが、その奥の方では、まず家族など、同じ地域や国単位、グループや団体としてつながっている共通した意識があるのです。そして、真我はすべてとつながっているひとつの意識です。

一見して物理的に因果関係のないと思われる二つの出来事が、共通の意味をもって起きる現象、「シンクロニシティ現象」も、見えない意識の仕組みを理解すると必然的に起きていることがわかります。

あなたがひとつの意識である真我に出会い、真我が導く向きに歩み始めると、シンクロニシティが頻繁に生じる世界を味わうことができるのです。

2 ひとつに目覚める

夢の世界――

私たちが自分の観念や業の心で捉えている世界は、「仮相」の世界です。「仮相」とは、夢のような世界なのです。そして、「実相」とは、夢から覚めた世界です。「実相」とは、真実の世界であり、真実に目覚めていなければ、人は「仮相」の世界で寝ているといえます。

意識はひとつ

目で見える世界で分離していても、意識ではひとつにつながっている。

みんな
ばらばらに
みえるわ～
（シンクロ・共時性）
意識は
ひとつにつながって
いたんだ

人は怖い夢を見ると、寝汗をかいたり、うなされたり、金縛りにあったりします。しかし、目が覚めると、何もなかったことに気づきます。それでもまだ、汗をかき、心臓は脈打っているのです。

まさに人は、夢に動かされ、振り回されているのです。たとえ起きていても、持ち越し苦労や取り越し苦労をしています。人は、起きていながら寝ているとも言えるのです。真我に目覚めたら、一瞬にして、「実相」の世界に生きることができるのです。

ひとつの世界――

「実相」の世界、真実の世界とは「ひとつの世界」です。

人は何でも、自分と他とを区別し、分離して考えます。しかし、その考えをはずせばひとつにつながっている世界があるのです。

たとえば、地球上には、いくつもの大陸や島があり、全部、分離しているように見えます。ところが、海の水を全部抜き取ったら、すべての大陸がひとつにつながっていることがわかります。全部がひとつ、全部が味方だという宇宙意識的な発想になれば、すべての奪い合いも争いも消えます。

自分の土地、他人の土地、自分の国、他人の国。その分離観から、争いや奪い合いが生まれるのです。分離観が消え、皆、同じ地球の仲間だと心の底から思うことができれば、他の国を奪う必要もなくなり、戦争もなくなります。

このことを頭で理解するのではなく、事実としてそうとしか見えない世界がありま す。それが真実の世界、ひとつにつながった世界です。

無敵の世界――

ひとつの世界とはまた、「無敵の世界」のことです。

自他を分け、自分と他人とで違いがあることで、争いや対立が生じるのです。正しさという価値観のぶつかり合いです。生きてきた環境、家柄、宗教や思想、人種や肌の色など、皆違います。そういった人との違いを見ていくと、それが障害物となりぶつかるのです。

しかし、皆、命としてはひとつだと、皆、仲間だと悟った時、ぶつかり合いはなくなります。どんな環境にいようが、すばらしい人生を切り開いていけるのです。ちょうど、一切の障害物がない大草原を、ブレーキを踏まずアクセルだけでクルマを走らせるようなものです。

皆ひとつ、皆愛だと悟った時、誰ともぶつからない「無敵の世界」に入るのです。敵など存在せず、全員があなたの協力者となる世界です。

愛の別名は「ひとつ」――

皆ひとつであることが愛であるとはどういうことでしょうか。

「愛の反対語は何か」と問われたら、あなたは何と答えますか。「憎しみ」でしょうか。それとも「恨み」でしょうか。

私は、愛の反対語は「価値観」だと答えます。

「私の考え」「私の価値観」というものが「私こそ正しい」という分離の心を生み、その別々の「価値観」同士が対立して争いが起きるのです。

そして、愛の別名とは「ひとつ」です。宇宙の愛、神の愛とは「ひとつ」ということなのです。
あなたの「本当の自分」である真我とは愛そのものですが、真我に目覚めることで「ひとつ」としての愛に気づくことができるのです。「ひとつ」としての愛こそが、真実なのです。

神の顕《あらわ》れ――

宗教などでは「神が人間を創造した」と言われることがあります。この言葉は「作ったものと作られたもの」という二元論に基づくものであり、これが分離意識のはじまりなのです。しかし、本書でいう神とはそのようなものではありません。

太陽の光は無色透明ですが、プリズムを通すと、屈折によって赤や青や黄色、紫色と、あらゆる色に分光します。これと同じように、神が、人間として顕《あらわ》れ、犬として、猿として、花として、木として、水として、空気として、地球として、月として……とあらゆるものに顕れているのです。

この世のすべてのものは、神によって創られたのではなく、「すべてが神の顕れ」であって、元は一つの光源なのです。

神の光を歪《ゆが》めるレンズ――

神とは一つの光源であり、その光は万物に降り注ぎ、森羅万象となって顕れています。人間はまぎれもなくその中で生かされているのです。それなのになぜ、人は病気をしたり、戦争を起こしたり、地球環境を破壊したりするのでしょうか。それは、人々の思いという歪んだレンズが、光を遮《さえぎ》っているからです。

人の思いが、神の光を歪《ゆが》めているのです。その歪んだ光が、不調和な現象となるのです。ですから、歪んだレンズをはずせば、神の光はそのまま現象として顕れ、大調和の世界が出現します。調和とは作りだすものではありません。すでにある調和に気づくことで、それが表面化するのです。

そして、その調和に気づくことで、皆、健康になり、平和になり、破壊された環境も再生されるのです。

神の顕《あらわ》れ

無色の光がプリズムで分光されるように、ひとつの光源である神が森羅万象として顕れている。

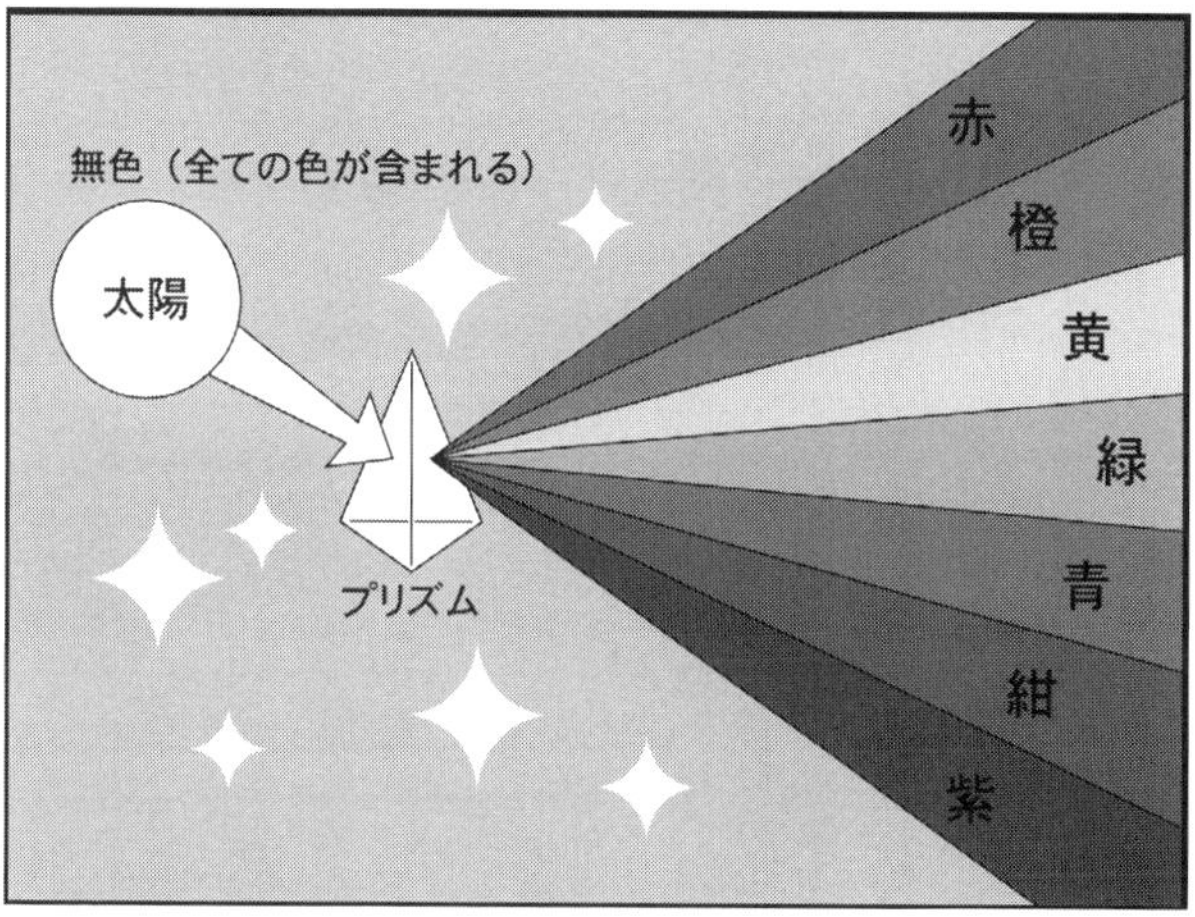

3 あなたから変えていく世界

自分が輝き、周囲を光に変えていく――

すべてが神の顕れであり、あなたも神の顕れです。「本当の自分」とは内なる神に他なりません。しかし、この「本当の自分」は頭で考えていてもわからないのです。魂の底から体感しなくてはならないのです。そして、全身で体感した後には、その「本当の自分」である真我の愛の心を、この現実生活の中に生かし、起きる現象を的確に解読しながら、自らの花を咲かせていくのです。

そして、自らがあふれんばかりの喜びで生きるとともに、周囲に喜びを振りまいていくのです。

「世のため人のために尽くしましょう」「与える生き方をしましょう」とよく言われます。これはたしかにすばらしい教えです。しかし、「人のため」ばかりやっていることで自分の足元がおろそかになり、どこか無理してやっているという自己矛盾が出てくるのです。人の為とは「偽《いつわり》」になる可能性が高いのです。かといって、自分のためだけだと、エゴになり周囲との不調和が生じます。

このことを、灯台にたとえてみます。

灯台は遠くを照らしますが、足元は真っ暗です。ちょうど「世のため、人のため」といって、自分や家族など近い人々のことは省みない状態です。

だからと言って、足元を照らしたら、遠くの船を照らすことはできなくなります。ちょうど、自分のことだけで、人のことは知らないといったエゴの状態です。

では、どうしたらよいのでしょうか。

それは、**灯台そのものが光になればよいのです。灯台自体が光になれば、その光は、足元も遠くも同時に照らすことができるのです。**

自分自身が光そのものになれば、まず自分が喜びでいっぱいになり、自分の近くにいる人から順番に明かりを照らすことができ、一切の矛盾がなくなるのです。

すでに輝いている内なるダイヤモンドを発掘する――

では、自分自身が光になるにはどうすればよいのか。

本書で繰り返し強調してきたように、あなたの中にはもともと光輝くダイヤモンドのような「本当の自分」、まさにダイヤモンド・セルフともいえる真我がすでにあるのです。

ダイヤモンドという石は何億年も前に地中深くで形成され、人間が発掘する以前からダイヤモンドとして存在していたのです。あなたの心の一番深いところにあるダイヤモンド・セルフなる真我もまた、常に存在しつづけ、今この瞬間も眩いばかりに輝いているのです。

あなたは、光り輝く内なるダイヤモンドを埋もれさせたまま人生を終えてよいのですか。

喜びにあふれ、愛にあふれ、感謝にあふれた光り輝くダイヤモンド・セルフ、あなたの「本当の自分」である真我に出会うことで、最高の人生を生きることがあなたに

自分が輝き、周囲を光に変えていく

灯台そのものが光になれば、足元も遠くも同時に照らすことができ矛盾が起きない。

はできるのです。

自分だけでは自分を変えられない――

しかし、自分の中にあるダイヤモンドに気づき、喜びに満ちあふれて生きることができるといっても、自分だけで自分を変えることは極めて困難です。

たとえば、コップに入った水を変化させようとする時、それと同じ水をいくら混ぜても、コップの中の水は何も変わりません。

しかし、インクを一滴入れると、たちまちコップの中の水は変わります。

自分を変えようとする時も、自分だけでいくら考えても、自分は変わらないのです。なぜならば、いくら考えたとしても、結局は自分の考えに過ぎないからです。考えれば考えるほど、自分の考えが強くなるだけなのです。

しかし、人と出会うことによって、自分の心に化学変化が起きるのです。

人との出会いによって、初めて発想が変わってくるのです。自分を変えようとする時には、どうしても人の協力が必要です。自分自身では、いくら頑張って考えても、自分の枠から出ることができないのです。

自分で自分は変えられないことを知ることです。

ぜひ、人との出会い、縁を求めて、「本当の自分」である真我に一刻も早く出会ってください。

あなたが想像すらしない世界が、すぐ目の前にあるのですから。

あとがき　～本書の内容が「わかった」とは～

本書の内容は、おわかりいただけたでしょうか。

よく「わかった」と言いますが、本当に「わかった」とはどういうことでしょうか。

あなたが一度も聞いたことも、食べたこともない料理があったとします。その料理の原材料や調理過程など事細かに聞いて、結局食べずに「わかりました」と言う人は、一番わかっていない人です。

もう少しわかった人は「わかりませんよ、食べていませんから」と言います。

そして、本当にわかった人とは、その料理を実際に口にして、「私の味覚でわかりました」という人です。

ですから、「真我とはこうですよ」という説明や概念を頭で理解したことが「わかった」ということではなく、真我を体感し、自分の思いや発想が変わり、現実生活が変化してはじめて「わかった」ということなのです。

そして、真我とは宇宙であり無限です。「ここまでわかった。でも、さらに自分の知らない、予想すらできない世界がこの先にあるのだ」という姿勢で人生に臨むことが大切です。

本書の内容は、教えでもなければ、考え方でもありません。あなたの見ている現実、あなた自身の真実について話してきたのです。


「本当の自分」を知る大切さは、大昔から多くの先達が説いてきたことです。

孔子は「朝《あした》に道を聞かば、夕べに死すとも可なり」と言ったとされています。朝、自分の人生の目的がわかれば、夕方には死んでもよい、という意味です。また、ソクラテスは「汝、自身を知れ」と語り、人間にとって「本当の自分」を知ることの大切さを説いたとされています。

「本当の自分」である真我に出会うとは、それほどのことなのです。


今、時代が大きく変わりつつあります。

新聞やテレビを見れば、政治・経済・教育・医療など、さまざまな分野で次から次へと問題が起きていることがわかります。これらの問題に個別に対処しても、一つが解決したら、また別の問題が生じるということの繰り返しで、現代社会はますます混迷の度合いを深めているように見えます。

本書でお伝えした、あなたの「本当の自分」である真我、あなたの内に眠るダイヤモンド・セルフの心に目覚めることは、あなたの人生の問題に解決をもたらすと同時に、これら社会問題の根本的解決にもつながるのです。

なぜなら、「問題」とされることのほとんどは、実は心の問題だからです。

一人一人が自分の心の奥にある「愛の心」「調和の心」に目覚めるだけでよいのです。

あなた自身がどれだけ輝くことができるかが重要なのです。

自分の内に眠るダイヤモンド・セルフを発掘し、その輝きで自分と周囲とを同時に照らしていけばよいのです。

本書を読んでいる段階で、すでにあなたは「本当の自分」に出会う道に乗っているのです。この本を読んでいる時点からすでに、シンクロニシティ現象など、不思議な現象が起きることもあります。それは、本書がすでにあなたの内にある真我に働きかけ、全体が動きはじめるからです。

心の世界は目に見えません。だからこそ、現実生活の変化のみがその有効性の拠り所となるのです。ぜひ、本書を繰り返し読み、あなたの現実の変化を注意深く発見していってください。

真我を開発することで、現実生活に奇跡的な変化が起きた方から寄せられたお手紙や体験談など、膨大な事例の記録は、私が主宰する「心の学校」にすべて保管してあります。ご興味を持ちの方は、巻末の連絡先までお問合せください。

また、本書と対を成す、これらの奇跡としか言いようのない多くの体験談を集めた本の出版も予定しています。

最後になりますが、本書との出会いをきっかけに、人生にすばらしい結果をもたらすための非常に重要なポイントをお話しして終わりにします。

実は、私の過去二〇年間の経験から、すばらしい成果を出される人には大きく分けて二つのタイプがあることがわかりました。

ひとつのタイプは、現在、藁《わら》にもすがりたいほど苦しい状態にある人です。

そして、もうひとつのタイプは、苦しんではいないが、今までの人生で、生きる道を求め続け、精神世界や思想、宗教、成功哲学など、ありとあらゆるものに時間とお金を投資してきたような方です。

この二つのタイプの方は、なぜ大きな成果を出しているのでしょうか。

この二つのタイプに共通しているのは、「真剣」ということなのです。

真我とは、本当のあなたの心の奥にあるのですから、いくら私が真剣にお手伝いをしたところで、あなた自身が真剣にならなければ出会うことは困難です。

「何が何でも真我に出会うんだ！」という真剣さが、この二つのタイプの方の大きな成果につながっているのです。

また、

「それほど苦しんでいるかもわからないし、今まで『本当の自分』の追求など道を真剣に求めてきたわけでもない、そんな自分はどうしたらよいのか……」

という人には、とっておきの秘策があります。

それは、思い切り期待をすることです。

とても大事なことなので、もう一度言います。

これ以上できないくらい、思い切り期待してください。

何を期待をするのか。

真我に出会うことで、今のあなたが価値を置いているものなどはるかに超えたすばらしい価値ある「最高の人生」があなたにもたらされることを期待するのです。

想像してください。

私が、あなたに「海の水」をプレゼントしましょうと言ったとき、あなたがもしコップしかもって来なければ、あなたはコップ一杯の水しか持ち帰れません。

期待をしてくださいといわれて、バケツを持ってきたとしても、持ち帰るのはバケツ一杯の水です。

もっともっと、思い切り期待してください、と言われてもせいぜいタンカー何十隻がよいところでしょう。

しかし、海の水から見たら、そんなものたいしたことではないのです。

ダイヤモンド・セルフなる真我は、宇宙の心です。それが、あなたの中にあるのです。

宇宙は無限です。

あなたの想像をどれだけ働かせて、どれだけ大きな期待をしても、無限なる宇宙にとってはたいしたことがありません。

だから、あなたには思い切り期待してほしいのです。

真我に出会って、これからの人生が思いもよらない、すばらしいものになることに。

ダイヤモンドのように久遠の輝きを放つ、すばらしい「本当の自分」に出会うことに。

毎日、今ここ、この一瞬一瞬に生きることに大きな張り合いを感じ、
毎日がワクワクして活力にあふれ、喜びと感動の連続……
そんなあなたと、今この時代に共に生き、そして実際にお目にかかれる日を、心より楽しみにしています。

佐藤康行

◆本書には無料プレゼントがついています◆

『ダイヤモンド・セルフ』読者特別プレゼント

この本の要点を特製カードに凝縮！

あなたが確実にダイヤモンド・セルフを見つけるために
「ポイント反復カード」をもれなく無料プレゼント！

ご存知でしたか？

ドイツの心理学者の研究では、学習後に放置しておくと 1 時間で 56%、1 日後に
74% を忘却するという結果が出ています。防止策は反復と実践の積み重ねですか
この反復学習ができないため、本を読んでも実際の成功者が 5% だというのもう
ずけます。

そこで、本書『ダイヤモンド・セルフ』の要点をコンパクトにまとめたポケットサイズの「ポイント反復カード」をアンケートにご協力いただいた方全員に無料でプレゼントいたします。いつでも、どこでも短時間で本書の内容を復習できる便利なカードです。

ポイント反復カード

※名刺とほぼ同じポケットサイズです。

【応募方法】

①本書差し込みの「ご愛読者カード」のアンケートに回答し、ポストに投函
②ホームページからアンケート送信

URL http://www.igajapan.co.jp/book/diamond/

―『ダイヤモンド・セルフ』―
ポイント反復カードプレゼント

佐藤 康行（さとう やすゆき）

1951年北海道美唄市生まれ。

心の学校・学長。本当の自分（＝真我）を引き出すセミナー「真我開発講座」主宰。これまで20年にわたり延べ6万人以上の心の深層を見つめてきた。

10代後半から化粧品・宝飾品・教材のフルコミッション営業マンとして驚異的な実績をあげ、20代でレストランチェーンを創業し全国70店舗を展開。直後に「自分の使命は多くの人の真我の目覚めのお手伝い」という天啓のもと「真我開発講座」を編み出し、レストラン経営すべてを人に譲り、全国各地でセミナー、講演、面談等を行うとともに「心の学校 佐藤義塾（現アイジーエー（株））」を設立。

「真我開発講座」は、老若男女を問わず政財界の著名人から第一線のビジネスマン、主婦、学生に至るまでこれまで6万人以上が受講し、心・生活の著しい変化をもたらしている。

著書に、『1日ひとつ、変えてみる』（三笠書房）、『「遺伝子とサムシング・グレート」は教える』（筑波大学名誉教授村上和雄 共著・日新報道）、『絶対にNO! と言われない「究極のセールス」』（かんき出版）、『宇宙意識で因縁を切る』（アイジーエー出版）、『あなたの悩みは一瞬で消せる』（ハギジン出版）ほか。

★心の学校・アイジーエー オフィシャルサイト
http://shinga.com/

ダイヤモンド・セルフ

2007年7月20日 第1版第1刷
2014年5月15日 第1版第5刷

著　者　佐藤康行
発行者　株式会社アイジーエー出版
〒103-0027 東京都中央区日本橋3-4-15 八重州通ビル6F
電話　03-5204-2341
FAX　03-5204-2342
ホームページ http://www.igajapan.co.jp/
Eメール info@igajapan.co.jp
印刷所　シナノ印刷株式会社

ISBN978-4-903546-02-5 C0011

アイジーエー出版　話題の書籍

「本当の自分」があなたを救う

佐藤康行 著
ソフトカバー／216P
定価：本体1300円＋税

宇宙意識を引き出す方法

自分の中に宿る「本当の自分」＝「宇宙意識」と出逢い、その心を日々実践していけば最高の人生を実現できると説いた、佐藤康行「究極の一冊」。

「本当のあなた」に秘められたパワーを引き出す

本書で紹介されていることを実践した方々は、「本当の自分」に出逢い、「本当の自分」の力で成幸しています。人生、お金、人間関係、仕事、健康、自分とは何者か、生きる目的は……、あなたの周りに起きていることは、すべてあなたの問題です。「本当の自分」の力を引き出せば、それらすべての問題を解決できるのです。幸せになれるのです。

（オビ文より）

たった2日であなたを神に目覚めさせてみせる

今世紀初頭に刊行された本書は、それまで十数年にわたり「真我開発講座」を主宰し数万人を救ってきた佐藤康行が、当時自身として初めて「真我」という究極のテーマに焦点を絞り綴ったもの。全人類に内在する神性＝真我に目覚めることの重要性と、真我に目覚めた方々の実証例を紹介し大反響を呼んだ。堂々の復刊。

たった2日であなたを神に目覚めさせてみせる
佐藤康行
あなたには神が内在している。神は、完全で完璧で無限、不変であり永遠だ。神はあなたに起きるすべての問題を解決できる。そのことを二十五年も前から私は実証してきた。すべてを解決できる神があなたに内在しているということを大前提とし、その大前提を実証し続けてきたのだ。あなたに、全人類に神が内在していることは紛れもない真実なのである。そして人類が神を体感し本当の幸福を享受することを私は可能にしてきた。神＝本当の自分＝真我に一刻も早く出逢っていただきたい。あなたは今すぐにでも神になれるのだから。
アイジーエー出版

伝説の神書 復刊

佐藤康行 著
ハードカバー／272P
定価：本体1500円＋税